학교는 학생이 세상으로부터 도망가는 자가 아니라,
세상에 나가서 참여하는 사람이 되도록 가르쳐야 한다.

존 시알디

학생에게 배우고자 하는 의욕을 고양시키지 않으면서 교육하려는 교사는
달구지 않은 쇠를 두들기는 것에 지나지 않는다.

토마스 핀

교육이란 화를 내지 않고, 자신감을 잃지 않으면서도
거의 모든 것에 귀 기울일 수 있는 능력이다.

로버트 프로스트

인간은 교육을 통하지 않고는
인간이 될 수 없는 유일한 존재다.
**칸트**

# 다루기 힘든 아이
# 문제는 따로 있다

# 다루기 힘든 아이 문제는 따로 있다

펴낸날 2022년 2월 3일 1판 1쇄

편저 야마구치 코지
옮긴이 이광호
펴낸이 강유균
편집위원 이라야 남은영
기획·홍보 김아름 김혜림
교정·교열 이교숙 정아영
경영지원 이안순
디자인 바이텍스트
마케팅 신용천

펴낸곳 리드리드출판(주)
출판등록 1978년 5월 15일(제 13-19호)
주소 경기도 고양시 일산서구 고양대로632번길 60, 207호(일산동, 대우이안)
전화 (02)719-1424
팩스 (02)719-1404
이메일 gangibook@naver.com
홈페이지 www.readlead.kr

ISBN 978-89-7277-357-3 (03370)

# 다루기 힘든 아이 문제는 따로 있다

미야구치 코지 지음
이광호 옮김

산만한
내 아이에게 필요한
실천적 인지 기능
트레이닝

리드리드출판

prologue

# 다루기 힘든 아이를 위한 세 개의 고리

저는 오랜 기간 소년원에서 아동정신과 의사로 근무하면서 많은 청소년을 상담해왔습니다. '소년원'이라는 명칭이 그렇듯 이곳의 아이들은 사회에서 물의를 일으켜 들어왔지요. 그래서 인지 부정적으로 보는 시각이 많습니다. 사회적 인식 또한 불안과 불편을 내포하고 있습니다.

여러분은 '비행 청소년'이라고 하면 어떤 이미지를 떠올리나요? 난폭, 반항, 분노, 시비, 폭발, 자제가 안 되는 화, 절대 가까이할 수 없을 정도의 흉악함 등 부정적인 이미지가 파노라마처럼 흘러갈 것입니다. 그러나 제가 만난 아이들은 이런 이미지와 거리가 멀었습니다. '솔직하고 붙임성도 좋았지만 모든 일에 조금 서툰 아이들'이었지요.

'서툴다'라는 것은 비단 손재주에만 국한되는 단어가 아닙니다. 서투름은 다른 사람의 말이나 행동을 왜곡해 이해하거나 사람과 소통에 어려움이 있거나, 행동이나 말을 자기가 마음먹은 대로 자제하지 못하는 것도 서툰 일에 포함됩니다.

소년원의 아이들과 대면하고 대화해보면 '행동이나 생활방식'이 서툴러서 문제로 대두된 사례가 많았습니다. 이것이 용인되지 않아 사회의 질타와 처벌이 내려진 것이지요. 서툰 점은 누구에게나 있는데 우리가 이 아이들을 바라보는 시선은 어떤가요?

'문제아', '불량 청소년'으로 낙인찍고 선입견과 편견으로 외면하고 사회에서 격리시킵니다. 아이들은 스스로 이겨낼 힘도 자생할 방법도 모릅니다. 이 문제를 해결할 방법도, 어디에서 어떻게 찾아야 하는지도 알지 못합니다. 그래서 인생을 살아보기도 전에 '삶이란 어렵고 힘들지만 도와주는 사람 없는 난관'이라고 인식하게 됩니다. 그로 인해 소년원에서 출소 후 실패를

거듭하는 생활로 다시 돌아가지 않을까 우려하기도 합니다. 다시 비행을 저지르게 되지 않을까, 벗어날 수 없는 죗값에서 헤어나지 못할까 두려워하는 것이지요.

우리가 반성할 기회를 주고 삶의 방향성을 제시한다고 하더라도 '잘못을 자각하는 능력'이 결여되어 있다면 자신이 한 일이 왜 나쁜지 깨닫기 어렵습니다. 자꾸 변명하고 행동의 근거를 찾아 합리화하지요. 생각할 힘이 없으니 반성하지 못하는 것입니다. 그들에게는 '생각하는 힘'이 절대적으로 필요합니다.

그들이 살아가기 위해서는 생활적인 면의 지원이 필요합니다. 하지만 외적인 다양한 환경 지원이 불안과 두려움을 해소하고 삶의 의욕을 심어주기에는 한계가 있습니다. 근본적으로 '자신의 머리로 생각해 스스로 결정하고 행동할 힘을 기르는 것'이 가장 중요합니다.

이 문제에 직시해 개발된 프로그램이 '인지 기능 트레이닝'입니다. 소년원에 있는 아이들을 비롯해 정상적으로 학교에 다니는 아이들이 생활하는 데 어떤 점에 어려움을 겪고 있는지 연구

했습니다. 경험이 부족해 실수할 수밖에 없는 아이들이 직면한 문제들을 바탕으로 연구한 끝에 만들어진 트레이닝 방법입니다. 신체와 정서적 성장을 꾀하는 인지 능력, 대인관계 능력, 신체 능력 향상을 목표로 합니다.

현재 인지 기능 트레이닝은 공공기관과 학교에서도 주목받고 있습니다. 이는 사회 적응에 서툴고 어려운 아이들이 다수 존재한다는 것을 의미합니다.

아이들이 서툰 이유는 여러 가지 있겠지만 그중 몇 가지 원인을 이 책에서 자세히 살펴보겠습니다. 먼저 IQ 70~84 정도면 이전에는 '경도 지적장애'라고 인정되었습니다. 하지만 현재의 기준에서는 지원대상에서 제외되고 있습니다. 그들은 '경계선 지능(그레이존)'이라고 불리지만 정상의 범주에 포함되어 만족할 만한 지원을 받지 못합니다. 보통의 지능 레벨을 가진 아이들과 같은 일상생활을 강요당합니다. 그러나 이들은 일반적인 사람들과 똑같이 과제를 해낼 능력이 부족하며 의사소통에도 어려움을 겪습니다. 이로 인해 갈등이 촉발되지요.

이러한 아이들을 이해하고 개개인의 역량이 발휘되도록 돕기 위해서는 '아이들이 살아가는 3개의 고리'를 이어주어야 합니다. 아주 간단한 방법이지만 심오한 결과로 이어지는 방법입니다. 첫 번째 고리는 아이의 개성을 인정하는 것입니다. 서로 다른 'A, 본인의 특성'이 존중받아야 합니다. 두 번째 고리는 아이들이 안심할 수 있는 'B, 지지해주는 어른의 존재'가 필요합니다. 마지막으로 아이들이 스스로 다양한 것에 도전할 수 있는 'C, 본인의 안전한 환경'이 있어야만 합니다. 그 결과 아이는 자기 힘을 발휘하게 됩니다.

아이의 미래를 예측하고 발전 가능성을 타진하여 단정하는 것은 본인의 특성만이 아닙니다. 지원하는 존재나 적절한 환경이 준비되지 않는 데 그 원인이 있을 가능성이 큽니다. 만약 이 3가지 고리가 적절하게 기능하지 않으면 서투른 아이는 자신을 격려하기 어렵습니다. 모든 의욕을 잃고 무기력해지지요. A는 자신이 가지고 있는 부족한 부분을 포함한 특성이기도 하지만

아이들이 살아가는 3개의 고리

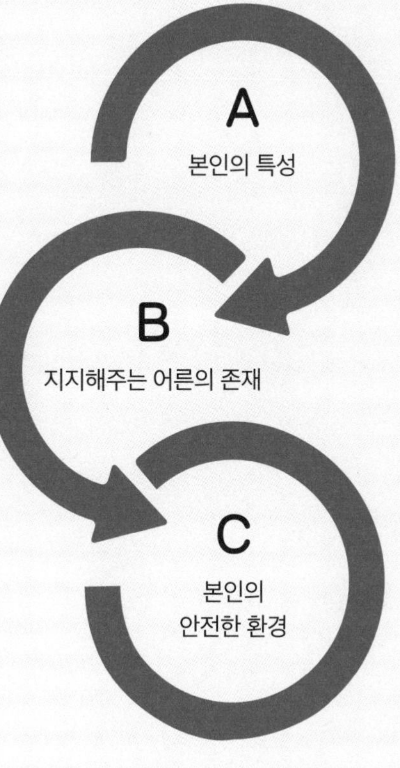

이것만으로 '무능한 아이'가 되지 않습니다. 확실히 '지탱해주는 지지자, B', 본인의 불편함이나 어려움을 개선할 수 있는 '안전한 환경과 기회, C'가 있으면 서투른 아이라도 반드시 자신의 힘을 발휘할 수 있습니다.

이 책은 사회적 활동에 서툰 아이가 행복하게 자라기 위해 꼭 필요한 3개의 고리로 구성되어 있습니다. PART 1~3에서는 서투른 아이의 특징을 설명하고(A, 본인의 특성), PART 4에서는 주위 어른들이 해줄 수 있는 것(B, 지지해주는 어른의 존재)을, PART 5에서는 아이와 함께 도전하면 좋은 훈련 '인지 기능 트레이닝'을 소개합니다(C, 본인의 안전한 환경). 각 PART 서두에는 '체크리스트'를 두어 현재 "아이들이 도대체 어느 부분에서 어려움을 겪고 있는가?", "우리 어른들이 무엇을 해줘야 하는가?"를 더 분명하게 알도록 돕습니다. 체크 결과에 맞춰 각 PART의 내용을 세심하게 살펴볼 수 있습니다.

현재 인지 기능 트레이닝은 학교 등 공공기관이나 교육에 관심 있는 많은 사람이 적용하고 있습니다. 여러분도 이 책을 통해 이제 인지 기능 트레이닝을 알게 되었습니다. 이 관심은 공통된 질문에서 출발합니다.

"서투른 아이를 어떻게 대해야 좋을지 모르겠다."

"아이의 감정을 차분하게 할 수 있는 좋은 방법이 없을까요?"

이 질문은 아이를 가진 보호자뿐만 아니라 우리 사회의 가장 큰 고민일 것입니다. 이 책은 그 해답을 줄 수 있는 책answer book입니다. 아이들이 부딪치는 다양한 어려움에도 응용할 수 있습니다. 자신 있게 말씀드리지만, 소중한 아이가 지금보다 더 편안하고 즐거운 하루하루를 보낼 수 있도록 이 책이 도울 것입니다.

미야구치 코지

## 인지 기능 트레이닝 체험자들의 생생 인터뷰

### 차분하게 생각할 수 있게 되었다!

**긍정적인 사고로 바뀌었다.**

논리적으로 생각하는 습관을 가지게 되었다. 망설이고 주저하면 안 된다는 것을 알았다.

**조용히 남의 이야기를 들을 수 있다.**

무척 시끄러운 교실이었지만 차분해졌다.

**화를 일단 멈추고 생각하는 버릇이 생겼다.**

뭐든지 즉흥적으로 생각나는 대로 행동했는데, 이제는 더 좋은 방법이 없을까 곰곰이 생각한 뒤 행동한다.

### 여러 가지 다양한 것에 도전해보고 싶다.
### 내가 하는 일에 자신감과 의욕이 생겼다.

**공부의 즐거움에 눈을 떴다.**

중학교까지만 학교에 다니고 싶었는데 인지 기능 트레이닝을 해보니 다시 공부가 하고 싶어졌다. 고등학교도 가고 싶고 대학도 가보고 싶다.

**대학 진학의 꿈이 생겼다.**

남의 말을 알아듣지 못해 늘 멍하니 있었다. 인지 기능 트레이닝 후 선생님 말씀을 이해할 수 있게 되었다. 대학에 가서 더 공부하고 싶다.

**격분하며 화를 내지 않게 됐다.**

전에는 무슨 일이 있을 때마다 화를 내고 난동을 부렸다. 하지만 이제는 '내가 잘못 생각했을지도 모른다, 착각했을지도 모른다.'라고 침착하게 생각해본다. 그러면 화가 누그러지거나 이해심이 생긴다.

**계산이 서툰 아이에게 유효하다.**

계산을 잘못하던 아이도 1개월 인지 기능 트레이닝으로 자연스레 계산이 빨라졌다.

**기억력이 좋아졌다.**

기억하지 못해 늘 혼났는데 인지 기능 트레이닝을 하고 나서 "기억력 좋다."라는 칭찬을 들었다.

**전교에서 인지 기능 트레이닝을 실시하기로 했다.**

먼저 한 학급에서 실시해본 결과, 큰 성과가 있어 전교생을 대상으로 인지 기능 트레이닝 실시가 결정되었다.

## 계산이 빨라졌다! 성적이 올랐다.

**지망 학교에 합격했다.**

열심히 공부해도 성적이 오르지 않았는데 이제는 할수록 오른다.

**암산 능력이 향상됐다.**

연산에서 실수가 잦았던 고교생이 인지 기능 트레이닝 실시 후 2주 만에 암산까지 할 수 있게 되었다.

## 차례

## PART 3 적응하지 못하고 생활하기 힘든 아이의 미래



## PART 4 서투른 아이를 위한 2가지 선물



## PART 5 인지 기능 트레이닝_실전편

교육이란 알지 못하는 바를 알도록 가르치는 것을 의미하는 것이 아니라,
교육은 사람들이 행동하지 않을 때 행동하도록 가르치는 것을 의미한다.

마크 트웨인

PART 1

# 왜 적응이 힘들까?

## 적응을 잘 하지 못해 매사 힘들어하는 아이

환경이나 상황에 잘 적응하지 못하는 아이는 무엇 때문일까요?

그 원인과 배경은 무엇일까요?

답을 찾아보면 다음 3가지로 분류됩니다. 자, 이제부터 자녀의 상태를 확인해보세요.

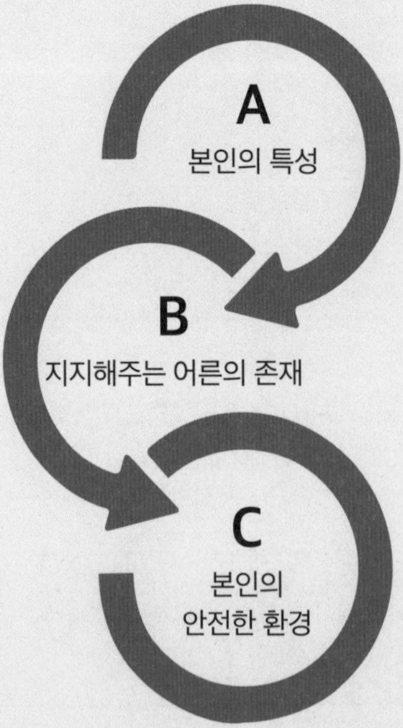

## Check List

자녀(혹은 아이)에게 해당하는 항목이 있으면 체크해보세요.

□ 금방 화를 내거나 항상 짜증을 낸다.

□ 어른에게 반항적인 태도를 취한다.

□ 자기 맘대로 하는 행동이 많다.

□ 물건을 자주 잃어버린다.

□ 잠시도 가만히 앉아 있지 못한다.

□ 집중하지 못한다.

□ 선생님의 주의사항을 듣지 않는다.

□ 남의 말은 듣지 않고 자기 입장만 주장한다.

□ 공부를 전혀 하려고 하지 않는다.

□ 하기 싫은 일은 하지 않고 그 일로부터 도망친다.

□ 상황에 맞는 적절한 대응을 하지 못한다.

□ 몸이나 손끝을 적절하게 움직이지 못한다.

# 다루기 힘든 아이는 반드시 신호를 보낸다

**아이에게 불안함을 느끼는 보호자들**

'장래에 행복하게 살기를 바란다.'

'남들과 잘 지내길 바란다.'

'자신을 소중히 여기기 바란다.'

이는 아이를 바라보는 부모나 양육자의 공통된 심정입니다. 아이가 잘 살기를 바라는 한결같은 마음이지요. 그래서 아이가 어릴 적에는 실패나 실수를 하더라도 따뜻하게 지켜볼 때가 많습니다. 아직 어리기 때문이기도 하지만 주위의 아이들도 똑같은 실수를 하고 있으니 이해가 되지요.

하지만 초등학교에 들어가 집단생활과 공부가 시작되면 상황은 달라집니다. 담임 선생님으로부터 "수업시간에 산만해요.", "수업을 잘 따라가지 못해요.", "친구들과 말썽을 일으키고 자주 다퉈요."와 같은 연락이 오기 시작하면 문제를 실감합니다. 부모는 '우리 아이가 계속 학교생활을 잘하지 못하면 어쩌지?'라는 우려와 불안감에 휩싸입니다. 아이의 '잘 적응하지 못하고 생활하기 힘듦의 신호'가 표면화되는 것입니다. 부모 입장에서 당황스러울 수 있지만 아이가 학교라는 일정한 규칙과 집단행동이 필요한 장소에서 어려움을 겪는 모습은 현실이고 실제상황입니다. 저는 교육 상담을 하면서 학부모들로부터 많은 문의를 받았습니다.

"방과 후, 집에 오면 초조해하고 짜증을 내서 점점 관여하기가 어려워지는 관계가 되었습니다."

"유치원부터 지금까지 태도에 지적을 받은 적은 없어요. 그래서 지금의 상황을 받아들이기 힘듭니다. 부모로서 앞으로 어떻게 하면 좋을지 모르겠습니다."

"집에서는 안 그러는데 학교에서는 왜 그런 행동을 하는지 알 수 없습니다."

이렇듯 부모는 예상치 못하고 준비하지 못한 상황을 맞닥뜨리며 고민하게 됩니다.

문제를 일으킨 아이의 생각을 들어보면 '모두와 잘 지내고 싶다'고 이야기합니다. 부모님이나 친구, 선생님으로부터 인정받고 싶어합니다. 어쩌면 이 강한 인정의 욕구가 무리를 일으킨 것인지도 모릅니다. 아이도 자기 행동이 번번이 심각한 결과를 불러온다는 사실을 압니다. 왜 그런지 몰라 답답하고 생각대로 잘되지 않아 속상해합니다. 더구나 매일 선생님께 핀잔과 주의를 받아 마음이 불편한 것도 사실입니다.

선생님이나 부모는 문제 개선을 위해 아이를 도와주고 싶지만, 이 또한 그렇게 간단하게 해결되지 않습니다. 관계에 서투른 아이는 '지금 이 문제는 내게는 너무 어려워요. 도와주세요!'라고 신호 보내는 방법을 모르기 때문입니다. 그로 인해 교육은 허공에 뜬구름 같이 흐르고 맙니다. 보호자도 어디서부터 어떻게 해야 할지 모릅니다. 아이를 이해하기 힘들기 때문이지요.

아이를 돕기 위해서는 우선 아이에게 무슨 일이 일어나고 있는지, 그 배경에는 도대체 무슨 일이 있는지 이해할 필요가 있습니다. 비슷한 사례에서 '어려움에 직면한 아이'에 대한 힌트를 찾을 수 있습니다.

### 학업 능력이 갖춰지지 않은 아이들

먼저 고백하자면 저도 처음에는 소년원에 대한 선입견이 있었습니다. '난폭한 아이들만 있는 곳'으로 단정지었지요. 그러나 소년원에서 10년 넘게 근무하면서 여러 청소년을 만나고 소통하며 선입견과 편견은 깨졌습니다. 그곳에 있는 아이들은 그저 학교와 사회에 잘 적응하지 못했던 그야말로 서투른 아이들이었을 뿐입니다. 간단한 계산이 되지 않는, 글자를 읽을 수 없는, 간단한 도형을 보고 그릴 수 없는, 짧은 문장을 따라 읽지 못하는, 몸을 움직이는 방법이 서투르거나 감정 통제에 익숙지 않은 아이들이었습니다. 보고 이해하는 능력, 듣고 이해하는 능력, 상상하는 능력이 약해 잘못 듣거나 주위의 상황을 파악할 수 없었지요. 그로 인해 대인관계에 실패해버리는 악순환이 반복되었던 것입니다. 이는 피해 의식으로 전환되고 연결되어 비행의 한 요인이 되었습니다.

삶을 지탱하고 살아가기 위한 학력 이전의 능력이 갖추어지지 않았던 것입니다. 가정과 자신이 속한 기관이나 관계에서 보고 배운 질서나 규칙이 없다는 말도 됩니다. 기본적인 생활에서 한 걸음 떨어져 있었던 것입니다. 학교와 가정에서도 마찬가지이고요. 자기 의지로는 개선할 수 없는 문제에 고민하는 아이들의 고통이 느껴집니다. 처음에는 여기저기 도움을 청하고 호소했을 것입니다. 그러나 우리 중 누가 그 신호를 알아봐 주었을까요? 이제껏 한 번도 들어본 적 없다면 아이들은 어떤 신호를 어떻게 보내고 있었을까요?

이제야 비로소 보이고 들립니다. 상처받고 위기의 처한 목소리는 작고 작았으며 어디든 찾아가 호소하지 못하고 혼잣말처럼 중얼댔다는 사실을 알았으니까요. 힘없이 내민 손을 누군가 잡아주기 원했다는 것도 말입니다. 이것이 고민을 안고 있는 아이의 실정입니다. 동시에 마음속으로 '더 똑똑해지고 싶다, 누군가 자신을 인정해주었으면 좋겠다, 누구라도 자기에게 신경 써줬으면 좋겠다'라는 바람을 가지고 있지요.

결과적으로 소년원에 들어온 '서툰 아이들'은 어른을 반성시키고 사회적 제도와 지원을 대변하고 있습니다. 그들이 우리에게 전하는 메시지는 지금 현재 '잘 적응하지 못하고 생활하기 힘듦'을 안고 있는 아이들에게 관심을 가지고 이끌어달라는 것입니다. 이 점에 대해서는 PART 2에서 자세하게 설명하겠습니다.

# 아이가 보내는 신호 놓치지 않기

학교 컨설팅을 하면 유치원이나 초등학교, 중학교에 방문할 기회가 많습니다. 저도 다양한 교육 상담이나 학교 상담(학교에서 일어날 수 있는 곤란한 사례의 상담)을 해왔는데 '어려움에 처한 아이들'의 상담 내용은 발달이나 학습의 지체, 발달장애, 자해, 폭력행위, 따돌림, 등교 거부, 비행, 양육환경 문제 등 다양한 과제가 혼재해 있었습니다.

아이들을 상담하다 보면 초등학교 1, 2학년 무렵부터 다양한 '부적응 신호'를 보내기 시작합니다.

아이의 특징은 Check List에 표기해준 그대로입니다.

- □ 금방 화를 내거나 항상 짜증을 낸다.
- □ 선생님의 주의사항을 듣지 않는다, 어른에게 반항적인 태도를 취한다.
- □ 공부할 마음이 없다, 집중이 안 된다, 잃어버리는 물건이 많다.
- □ 남의 말을 듣지 않고 자기 입장만 내세운다.
- □ 그곳에 맞는 적절한 대응을 할 수 없어 제멋대로 행동하는 경우가 많다.
- □ 하기 싫은 일은 절대 하지 않고 그 일로부터 도망친다.
- □ 잠시도 가만히 앉아 있지 못한다, 자신의 몸을 사용하는 것이 서툴다.

상담소에는 공부를 못 하고, 친구를 잘 사귀지 못하는 아이가 보호자와 함께 옵니다. 예를 들면, 금방 발끈해 폭력을 사용한다든지 자신의 기분을 능숙하게 전달하지 못하는 경우, 기억하지 않고 금방 잃어버리는 고민을 안고 있습니다. '수업에 집중하지 못한다, 거짓말을 한다, 자존감이 낮다, 주위를 살펴보며 행동하지 못한다, 글자를 기억할 수 없다, 계산이 서투르다' 등 학습능력이나 교우 관계의 어려움이 대다수를 차지합니다.

이런 요소는 비행 청소년의 어릴 적 특징과 매우 유사합니다.

학습능력이 매우 낮은 아이도 있는데 '반에서 최하위 5명의 아이들'이라고 나는 표현하고 있습니다. 공부의 결과만으로 단정하기는 어렵지만 Check List의 예시에 담긴 이유로 아이들은 학습에 열의가 떨어지고 의욕마저 상실하게 된 결과입니다.

물론 이런 아이들이 모두 비행 청소년이 되는 것은 아닙니다. 하지만 올바른 이해와 적절한 지원이 없으면 그 리스크가 높아진다는 것은 부정할 수 없습니다. 실제로 교육 현장에서 이러한 특징을 가진 아이들의 현황이 제대로 파악되지 못한 채 외면당하거나 방치되고 있을 가능성이 큽니다. 더 큰 문제는 '잘 적응하지 못하고 생활하기 힘든 아이들'에게 가해지는 질타와 시선입니다. '문제 덩어리', '의욕이 없다', '게으르다' 등 그 아이 자체가 잘못이라고 생각하는 어른들이 의외로 많다는 것입니다.

'잘 적응하지 못하고 생활하기 힘든 아이', '어려움에 처한 아이'는 어른들에게 도움을 요청하고 있습니다. 그러나 그 신호가 부적절하게 보이는 경우도 많지요. 도움을 요청하는 것처럼 보이지 않는다는 문제도 있습니다. 그러므로 우리는 늘 잘 전달하지 못하는 아이들의 '신호'를 먼저 알아차리도록 해야 합니다. 더불어 최선을 다해 도움을 주어야 합니다. 아이의 특징이나 그 과제를 파악하고 필요한 도움을 어떻게 주느냐에 따라 그 아이의 장래가 달라지기 때문입니다.

제가 이렇게 단언하는 이유는 소년원에서 실시했던 인지 기능 트레이닝(PART 5에서 소개하는 훈련)에 참여하고 적극적으로 자신을 바꿔 나간 아이들이 이를 증명해주었기 때문입니다. 교육 현장에서 변화된 아이들 사례가 이를 보여주고 있기도 하지요. 어른도 그렇지만 아이도 지혜로우면서 좋은 사람이 되기를 원하니까요.

# 무관심할수록
# 아이에게 어려움이 더해진다

아이들이 초등학생 때는 스트레스가 쌓여도 어떻게든 주위 어른의 도움으로 헤쳐나갑니다. 하지만 중학교에 들어가면 상황이 완전히 달라집니다. 잘 적응하지 못하고 생활하기 힘듦의 신호가 간과된 채 중학생이 되면 어떤 일을 맞이하게 될까요? 중학생이 되면 사춘기에 접어들어 신체 변화와 더불어 정서적으로 불안정해집니다. 개인의 상황 변화에 적응하기도 전에 학교에서는 정기적인 테스트, 선후배, 클럽 활동, 이성과의 관계 등 주변 환경도 큰 폭으로 변동하는데 이것이 아이에게 큰 스트레스로 작용할 수 있습니다. 일반적인 아이라면 이 문제를 부모에게 의존하면서 한편으로 반발하기도 하지만, 그런 과정을 반복하면서 부모와 아이는 변화를 인정하며 점차 안정되어 갑니다.

하지만 변화에 잘 적응하지 못하거나 자기표현에 서툰 아이는 혼자 대처해 나가며 좌충우돌하게 됩니다. 그로 인해 성숙하지 못한 모습이나 불만이 표출되지요. 자기 안에 있는 반항심이나 적개심이 걸러지지 않은 채 그대로 드러나는 것입니다. 학교에 가서도 욕설이나 폭력을 사용하지요. 물건을 부수거나 불량한 패거리와 어울리거나 밤을 배회하며 범죄에 가담하기도 합니다. 이른바 '문제 행동'으로 사회적 물의를 일으킵니다. 그로 인해 학교에 갈 수 없게 되거나, 경찰의 보호관찰 대상이 되거나 범죄 행위로 체포되기도 합니다.

그러므로 아이가 어릴 때 '잘 적응하지 못하고 생활하기 힘듦'의 신호를 알아채는 게 중요합니다. 중학생이 되고 난 후 '문제 행동'이 이런 신호라고 알아차리면 불신과 불만으로 가득한 아이 마음을 채워주기 어렵지요. 만약 이런 문제점을 깨닫지 못하고 학교 교육이 끝나면 그것들을 고스란히 안고 사회에 나가 냉혹한 현실과 마주하게 됩니다. 자신감이 떨어진 상태에 있기에 일하는 중 늘 실수하거나 인간관계가 힘들어 회사나 사회 분위기에 적응하지 못하게 됩니다. 잦은 이직으로 우울증을 앓으며 힘들어하지요. 최악의 경우, 범죄를 저지르거나 자신을 스스로 괴롭힙니다. 과도하게 비약해 죽음에 이르기도 합니다.

잘못을 저질러 소년원에 들어가게 된 청소년들도 처음부터 나쁜 아이는 아니었습니다. 가정, 학교, 지역에서 어린 시절부터 '곤란하다는 사인'을 계속 보냈지만 묵인되고 간과되어 자기 나름대로 해결책으로 찾은 방법이 잘못되었던 까닭입니다.

# 자녀의 문제는
# 부모 탓이 아니다

이제부터는 잘 적응하지 못하고 생활하기 힘든 아이는 어른에게 어떤 지원을 원하고 있는가? '어려움에 처한 아이'가 눈앞에 있으면 어떻게 해야 하는지 구체적인 방법을 알려드리겠습니다. 아이들이 우리 어른에게 보내는 메시지라고 생각해주세요.

어려움을 호소하는 아이의 행동에는 여러 가지 요인이 숨어 있습니다. 이를 보는 부모도 아이를 걱정하고, 마음을 아파하며 고통스러워합니다. 아이의 문제를 '부모의 육아 문제', '애정 부족' 탓으로 여기기도 합니다. 그러나 그것은 아이 문제로 고민에 빠진 부모를 더욱 몰아세워 불안하게 만듭니다. 아무런 해결도 되지 않을 뿐만 아니라 문제를 심화시킬 뿐입니다.

아이를 지켜줄 수 있는 사람은 어른밖에 없습니다. “우리 아이는 문제 행동만 일으켜서 이미 때는 늦었다.”라고 한탄할 필요도 없습니다. ‘문제 행동’이 어떠한 신호라고 알아차리고 차분하게 대응하는 것이 현명합니다. 지금부터 시작해도 충분히 만회할 수 있습니다.

**【Q&A】**

**Q** 아이가 일상생활에 서툴러 ‘어려움에 직면한’ 것처럼 보입니다. 이럴 경우 어디에서 상담할 수 있나요?

**A** ‘우리 아이가 서투르다’라고 느끼면 우선은 학교 선생님과 상담하는 게 좋습니다. 만약 이전에 비슷한 처지에 있는 아이가 있었고, 그에 잘 대응한 경험이 있는 선생님이라면 적절한 방법을 가르쳐 줄 것입니다. 만약 선생님 의견에 공감할 수 없고 불안감이 해소되지 않는 상황이라면 아동 정신과 의사, 소아과 의사에게 상담해보길 권합니다.

## PART 1 핵심 요약

☑ 아이가 잘 적응하지 못하고 생활하기 힘듦은 초등학생 무렵부터 가시화된다.

☑ 소년원에 있는 아이들은 난폭한 불량배가 아니라 모든 일에 서툴고 잘 적응하지 못해 생활하기 힘든 아이들이다.

☑ 아이가 초등학교, 중고등학교, 사회인이 되면서 잘 적응하지 못하고 생활하기 힘듦은 갈수록 더욱 심해진다. 그에 따라 강한 스트레스를 느낀다.

☑ 아이가 드러내는 '어려움에 처한' 신호를 알아채고 보완해주어야 한다.

PART 2

# 다루기 힘든 아이에게서 나타나는 3가지 서투름

## 적응하기 어려워하는 아이에게 나타나는 3가지 특징

환경이나 사람에게 잘 적응하지 못해 힘들어하는 아이들에게 나타나는 특성이 있습니다.

어려움에 처해 있는 아이들의 실태, 그리고 학교에서 잘 적응하지 못하고 생활하기 힘든 아이들의 예를 들어가며 그 실태를 살펴보겠습니다.

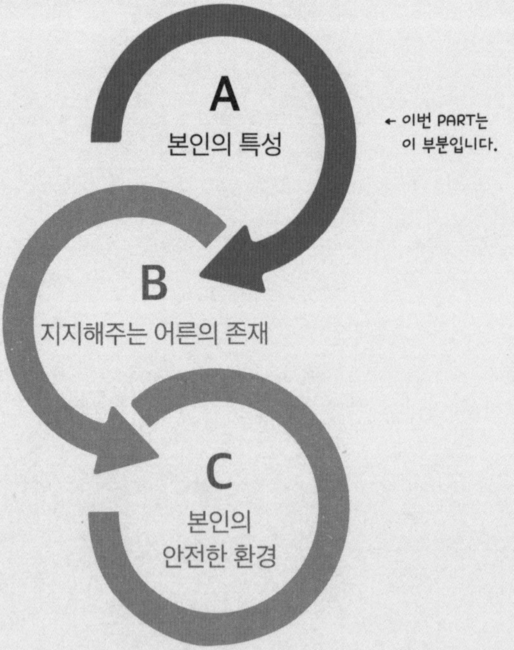

## Check List

자녀(혹은 신경이 쓰이는 아이)에게 해당하는 항목에 체크해보세요.

□ 보거나 듣거나 상상하는 능력이 약하다.

□ 감정 컨트롤이 서툴고 금방 화를 낸다.

□ 사람들의 마음을 잘 모르거나 이해하지 못해 곧잘 갈등을 일으킨다.

□ 깊이 생각지 않고 그 자리에서 즉흥적으로 결정해버린다.

□ 예상 밖의 일이 일어나면 잘 대응하지 못하고 당황한다.

□ 자신의 문제점을 모른다.

□ 사람들과 의사소통을 잘하지 못한다.

□ 자신의 힘 조절을 못 한다.

□ 몸을 움직이는 방법이 서투르다.

# 공부와 대화에
# 어려움을 겪는 아이들

의외로 학력 이전의 '사고력'을 갖추지 못한 아이들이 많습니다. 중고등학생의 나이임에도 불구하고 어려움을 안고 있는 아이들을 찾아볼 수 있습니다.

- 간단한 계산(덧셈이나 구구단)을 할 수 없음
- 글자를 읽을 수 없음
- 간단한 도형을 보고 그대로 그릴 수 없음
- 남의 말을 좀처럼 이해하지 못함

보고 이해하는 능력, 듣고 이해하는 능력, 보이지 않는 것을 상상하는 능력이 너무 약해 사람들이 말의 의미를 잘못 알아듣거나 주변 상황을 제대로 파악하지 못합니다. 그로 인해 대인관계에서 실패하거나 피해자가 되어버리지요. 이렇게 '잘 적응하지 못하고 생활하기 힘듦' 상황에 놓인 이유가 비행의 원인이 되기도 합니다. 예를 들어 "어디에서 왔어?"라고 물으며 출신지를 지도에서 찾아보라고 했을 때 자신의 출신지를 찾지 못하거나 큐슈를 가리키면서 "여기는 어디야?"라고 물으면 "츄고쿠."라고 대답하기도 합니다. 지도상의 일본을 '한국'이나 '브라질'이라고 쓴 아이도 있습니다. 이런 아이들은 지식적인 면뿐만 아니라 감정적인 면, 신체적인 면에서도 또래의 소년들과 비교했을 때 상상할 수 없을 정도로 서툴지요.

이 문제 상황을 자신들도 알고 있어서 "잘하지 못하는 것이 뭐야?"라고 물으면 이구동성으로 '공부'나 '사람과 대화하는 것'이라고 대답할 정도입니다.

**자신의 부족함이 피해자 의식으로 이어진다**

상대에게 폭력을 행사한 아이에게 상해의 직접적 계기를 물으면 '상대가 노려봐서'라는 이유를 댑니다. 폭력을 해결 방법으로 생각한 것인데 일상생활에서도 "재가 내 얼굴을 뚫어지게 쳐다보며 웃었습니다.", "스쳐 지나갈 때 항상 째려본다."라는 이야기를 많이 합니다. 그러나 상대에게 확인하면 "그런 적 없습니다.", "전혀 모르는 아이며 쳐다본 적도 없습니다.", "뭐 때문인지 전혀 모르겠습니다."라는 반응입니다.

더 정확하게 문제의 원인을 밝히면 이해 능력이 부족한 아이가 자신이 아는 범위 안에서 상대를 판단하고 단정하는 것입니다. 자기 마음에 있는 반항심과 불만이 '상대방이 노려보고 있다', '자신을 비웃는 것처럼 보인다'라고 느끼게 하는 것이지요. 강한 피해 의식의 발로에서 비롯된 판단입니다. 듣고 이해하는 능력이 약한 경우에도 이런 경향이 나타날 수 있는데 누군가의 말을 듣고 '내 욕을 하고 있어.', '나를 무시하는 거야.'라고 오해합니다.

### 케이크를 나누지 못하고, 입체도형을 그릴 수 없는 아이들

어느 날, 책상 위에 A4용지를 놓고 동그란 원을 그렸습니다. 상담 온 아이에게 "여기 동그란 케이크가 있어요. 셋이 똑같이 먹을 수 있게 선을 그어보세요."라는 문제를 냈습니다. 그러나 아이는 망설이며 원을 등분하지 못했습니다.

아이들이 그린 답을 보면 대부분 [그림 2-1]처럼 세로로 반을 자르고 고민합니다. 벤츠의 엠블럼처럼 자르는 방법을 생각해내지 못하지요. 성급하게 반을 자르고 그 이상의 다른 시도를 못 하는 것입니다.

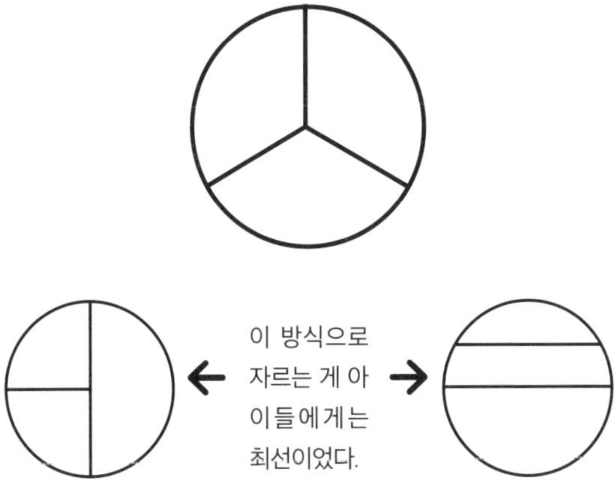


[그림 2-1] 케이크를 3등분 하지 못함

이번에는 [그림 2-2]처럼 입체도형을 그대로 따라서 그려보라고 했습니다. 그 결과 입체도형을 다음 그림과 같은 형태로 그리는 아이들도 꽤 많았습니다. 이 입체도형은 대체로 7~9세 정도면 누구나 그릴 수 있습니다. 초등학교 저학년이 정확하게 그리지 못하면 크게 걱정하지 않아도 되지만, 고학년이 되어도 그릴 수 없다면 훈련이 필요합니다.

이와 같은 입체도형을 그린 아이들은 세상을 공포에 떨게 한 흉악범죄(방화, 살인, 연속 강제 성추행 등)를 일으켰던 어린 청소년들입니다. 이렇게 쉬운 것조차 할 수 없는 소년들이 그동안 얼마나

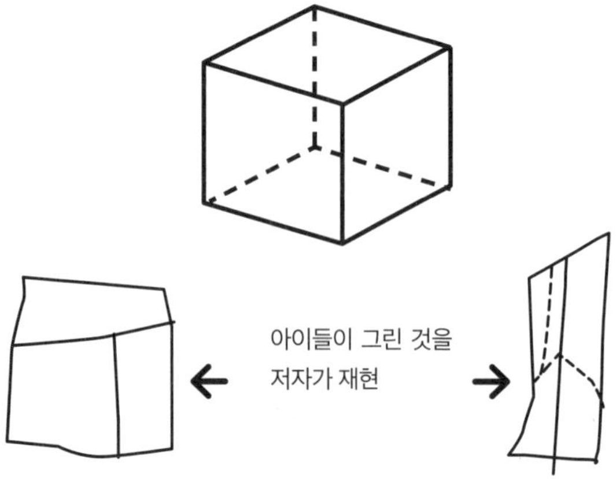


**[그림 2-2] 입체도형을 그대로 따라 그린 것이다.
아이들 눈에 '도형이 일그러져 보인다'라는 것을 알 수 있다.**

많은 좌절을 겪었을지, 얼마나 힘들게 살아왔을지, 그리고 사회나 사람에게 얼마나 큰 반감을 키워갔을지 주의 깊게 살펴볼 필요가 있습니다. 이렇게 비뚤어진 시각으로 사물이나 대상을 보는 아이에게 '반성해!', '피해자의 심정을 생각해봐!'라는 엄격한 지도가 과연 얼마나 의미 있을까요. 먼저 어떤 교육이 선행되어야 하며 어느 부분에서 비뚤어지고 있는지 고민해야 합니다.

물론 비행에 대한 반성은 중요합니다. 하지만 그 전에 입체도형을 그릴 능력을 기르고 인지 능력의 뒤틀림을 바로잡는 것이 우선입니다. 비뚤어진 시선은 바로보기의 장애물일 뿐 아니라 시선이 교정되지 않는 한 삶의 방향까지 비뚤어지기 때문입니다.

이러한 문제점을 파악한 저는 소년원의 간부를 포함한 교도관에게 소년들이 그린 케이크의 분할도나 입체도형 등을 보여주었습니다. 그러자 교도관들은 "이래서 아무리 설교해도 교화되지 않았구나."라고 말하며 매우 놀라워했습니다. 이제까지의 교육이 효과를 보지 못한 원인을 찾은 것입니다.

가정이나 학교에서도 마찬가지입니다. 몇 번 훈계하고 일러줘도 아이의 행위가 개선되지 않으면 더 강하게 체벌하거나 벌을 줍니다. 그도 아니면 아이를 용서하지 못하고 결국 외면하거나 포기하지요.

이럴 때는 아이 자신도 왜 그런 행동을 하는지, 이 행동이 왜 문제가 되는지 전혀 알아차리지 못하는 경우입니다. 입체도형을 못 그리는 아이에게 어려운 한자를 쓰게 하거나 연산문제를 풀라고 강요하는 것은 그 아이에게 공부를 포기하도록 유도하는 것입니다. 이에 아이는 점점 자신감을 잃어갑니다. 기본적인 도형을 정확하게 그리는 인지 능력을 기르게 하지 않고서는 정상적인 학습으로 이어지지 않습니다. 그런데도 현재 학교 교육은 이런 지원이 전혀 없다고 해도 과언이 아닙니다.

# 잘 적응하지 못하고 생활하기 힘든 원인을 찾아라

## 문제 행동의 정체는 무엇인가

아이가 잘 적응하지 못할 때 어른에게 보내는 신호는 [그림 2-3]처럼 3가지로 나타납니다.

### 1. 인지 능력이 취약함(학습면)

- 인지 기능의 문제
- 보거나, 듣거나, 상상하기에 서툴러 애초에 교육을 받을 토대가 약함
- 공부하는 것을 극도로 싫어함

### 2. 대인관계 능력이 취약함(대인적인 면)

- 감정을 통제하지 못함
- 상대의 기분을 모르고 화를 자주 냄
- 자신의 문제점을 모름
- 자기평가의 문제에 민감함
- 기본적으로 타인과 소통하는 것이 서투른데 회화력의 문제임
- 유연함의 문제(융통성이 없고 돌발 상황 대처에 약함)

### 3. 신체 능력이 취약함(신체면)

- 신체 사용 방법이 둔함
- 몸치이거나 손재주가 없음

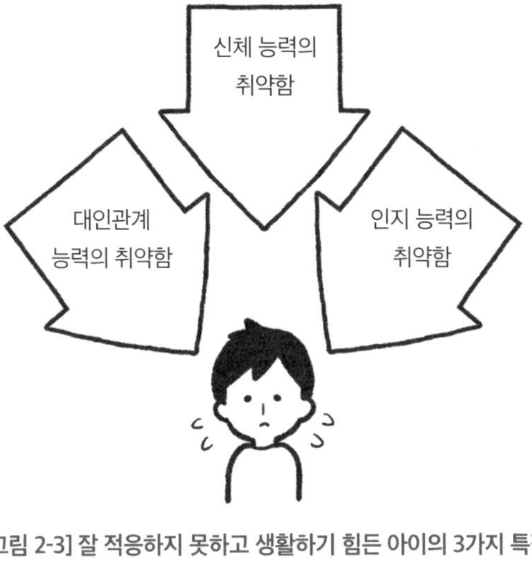


[그림 2-3] 잘 적응하지 못하고 생활하기 힘든 아이의 3가지 특징

**1. 인지 능력이 취약함**

**인지 능력의 취약함에서 나타나는 특징**

- 보고 이해하는 능력, 듣고 이해하는 능력, 상상하는 능력이 약하고, 공부를 잘하지 못함
- 몇 번이나 훈계해도 이해하지 못하고, 반복 학습 효과가 나타나지 않음
- 주위 상황을 파악하고 그에 대한 적절한 행동을 취할 수 없음
- 부주의한 행동이 많음
- 거짓말을 하거나 속이는 경우가 많음
- 목표를 정할 수가 없어 그에 맞는 적절한 노력을 할 수가 없음

**인지 기능이란 무엇인가?**

인지 기능이란 기억, 지각, 주의, 언어의 이해, 판단 및 추론 같은 몇 가지 요소가 포함된 지적 능력을 말합니다. 사람은 [그림

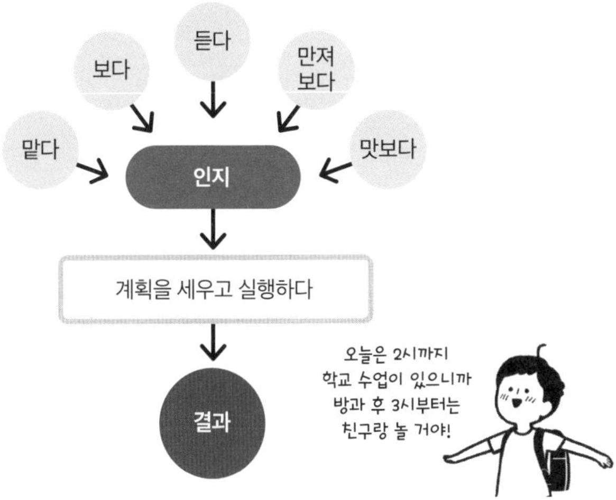


**[그림 2-4] 오감을 통해 정확한 정보를 얻게 된 경우**

2-4]처럼 오감(보고, 듣고, 만지고, 냄새를 맡고, 맛보고)을 통해 외부로부터 정보를 얻습니다. 그리고 정보를 정리하고 그것을 바탕으로 계획을 세우고 실행하여 다양한 결과를 만들어내지요.

이처럼 인지 기능은 모든 행동의 기반입니다. 교육과 지원을 받는 토대라고도 할 수 있습니다. 그런데 만약 [그림 2-5]처럼 오감을 통한 정보가 왜곡되어 있거나 일부 정보만 받는다면 어떻게 될까요?

현재의 학교 교육은 보고 이해하는 능력과 듣고 이해하는 능력을 사용해 교육합니다. 하지만 이러한 능력이 부족한 아이는 선생이 하는 말을 정확하게 흡수하지 못하지요. 그 결과 제대로 된

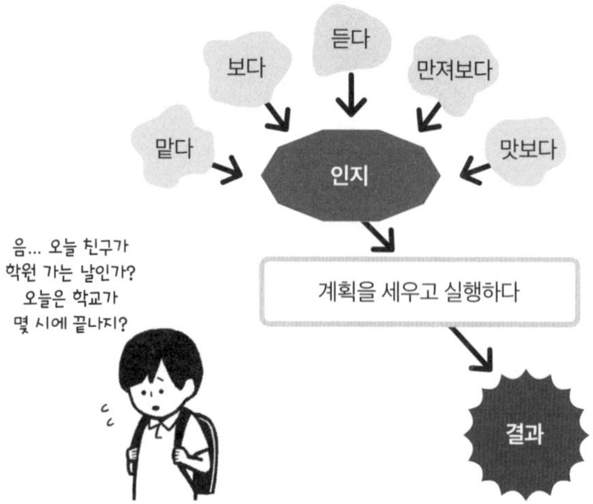


**[그림 2-5] 오감을 통한 정보가 왜곡된 경우**

'교육'을 받지 못하게 됩니다. 왜곡된 인지 기능을 바탕으로 정보를 처리하면 아무리 노력해도 좋은 결과를 얻을 수 없으며 올바른 방향으로 수행해 나아갈 수 없습니다.

이렇듯 일관성 없는 인지 기능의 취약함이 '부적절한 행동'이나 '잘 적응하지 못하고 생활하기 힘듦'을 일으키는 원인이 됩니다. 여기에서 강조하고 싶은 것은 만약 아이가 '보고 이해하는 능력'이나 '듣고 이해하는 능력'의 약함이 적응에 문제를 일으킨다면 트레이닝으로 개선될 가능성이 있다는 것입니다. 트레이닝 과정을 통해 적응의 방법과 적극적인 생활의 의지를 키울 수 있습니다. 아이에게 이런 도움을 주는 것이 어른의 역할이 아닐까요?

**【사례 1】 듣고 이해하는 능력이 약한 A**

**• 문제 상황 : 수업 중에 멍하니 있음**

A는 초등학교 4학년입니다. 시험 성적은 좋지만 수업시간에 멍하게 있는 경우가 자주 있습니다. 선생님이 수행할 과제를 내도 A는 아무것도 하지 않고 그저 멍하니 있거나 딴짓을 합니다. 선생님이 주의를 주면 "그런 말 들은 적 없습니다."라고 변명합니다. 노트 필기도 하지 않고 교과서조차 펼치지 않을 때도 있습니다.

A가 선생님의 지시를 듣지 않는 것은 단지 하기 싫어서가 아닙니다. A는 인지 기능 중 듣고 이해하는 능력이 떨어져 선생님의 지시를 제대로 이해하지 못했을 가능성이 큽니다. 예를 들어 "수학 교과서 28페이지 문제 3번을 풀자."라고 하면 28페이지는 펼쳤지만 그후에 해야 할 일을 몰라 멍하니 있거나 주위를 두리번거리지요. 그러다 1번부터 푸는 실수를 하는 등 엉뚱한 행동을 합니다. 이에 선생님은 불성실한 아이로 여기게 됩니다.

A와 다르게 어떤 주의를 받으면 "네, 알겠습니다."라고 순순히 말하는 아이도 있습니다. 그러나 조금 지나면 같은 잘못을 반복하지요. 이런 아이는 듣고 이해하는 능력이 약해 상대방이 하는 말을 잘 알아듣지 못했어도 다시 물어보는 것이 부끄러워 일단 "네."라고 대답해버리는 경우입니다. 외국인의 말을 알아들을 수

없을 때 일단 "예스, 예스."라고 대답해버리는 것과 마찬가집니다. 그 결과 말의 의도와는 완전히 다른 결과를 부르지요.

더 중요한 문제는 앞으로도 A는 무엇이든지 "네."라고 대답할 가능성이 크다는 점입니다. "네."라는 대답의 결과를 두고 "어떻게 된 거야?"라고 되물으면 정확하게 대답하지 못하며 전혀 다른 내용을 대답할 것입니다. 말을 잘못 알아듣고 이해가 가지 않는데도 혼나는 게 싫어서 아는 척했던 것이지요. 그래서 주위로부터 '장난치고 있다', '대충대충 한다', '뭘 하든 의욕이 없다', '거짓말쟁이'라고 오해받게 됩니다.

'보고 이해하는 능력'이 약하면, 글을 읽을 때 단어나 행을 건너뛰는 경우가 많습니다. 문장의 의미를 잘 파악하지 못하며 칠판에 쓰인 내용을 노트에 옮겨 적지 못해(선생님이 칠판에 쓰기 시작하면 어디에 해당하는 내용인지 파악할 수 없어 노트에 옮겨 적지 못함) 학습면에서 취약함이 발생하게 됩니다. 그렇기에 아이는 학습 진도를 따라갈 수가 없게 되지요. 그저 멍한 상태가 되는 것입니다.

**【사례 2】 인지 기능 전체에 문제가 있는 B**

**• 문제 상황 : 수업 내용을 이해하지 못해 학습능력이 떨어짐**

B는 초등학교 3학년입니다. 매우 성실하고 공부도 열심히 하지만 노력 대비 시험 성적은 좋지 않습니다. 부모님도 학원에 보내야 하는 게 아닌가 고민 중입니다. 아직 구구단도 외우지 못하고 받아쓰기도 못 하며, 문장의 뜻도 잘 이해하지 못합니다. 또한 문제를 잘 이해하지 못해 답을 고르지 못합니다. 한자도 여러 번 반복해서 외우려고 해보지만도 좀처럼 외우지 못합니다. 그래서 그런지 요즘 기운이 없는 것 같아요.

학습 상담을 신청하는 사유를 살펴보면 대부분 이런 경우입니다. '의욕은 있지만, 아무리 해도 시험 성적이 오르지 않는다.', '학교 선생님이 신경 써주시고 있지만 다른 아이에 비해 자꾸 뒤처집니다.', '어떻게 하면 좋을지 모르겠습니다.'라는 내용이 주를 이룹니다. 이런 아이들의 원인은 '전체적인 인지 기능의 취약함'일 가능성이 큽니다. 안타깝게도 학교 선생님들이 이러한 점을 알아채는 경우는 거의 없습니다.

인지 기능이 약하면 왜 공부를 못 하게 되는 것일까요? 상황을 살펴보며 문제에 좀 더 집중해보겠습니다. 수업 중에 선생님이

다음과 같이 문제를 냈습니다.

"타로는 사탕 10개를 가지고 있었습니다. 사탕 4개를 친구에게 주면 타로가 가지고 있는 사탕은 몇 개일까요?"

이 문제에 답하기 위해서는 먼저 선생님의 말씀을 주의 깊게 들어야 합니다. 밖을 보고 있거나 노트에 그림을 그리고 있거나 졸면 문제가 무엇이었는지 그 사실 자체도 깨닫지 못할 수 있습니다. 선생님 말씀에 주의를 기울이고 이해해야 개수를 잊지 않고 계산을 할 수 있습니다. 더불어 암산할 때에는 보다 더 집중을 할 필요가 있습니다. 자기가 좋아하는 게임이나 잡생각을 하면 계산이 되지 않습니다.

선생님이 낸 문제의 이해력은 필수입니다. 이 문제는 A, B와 같이 두 가지 해석이 가능합니다.

A : 타로는 누군가에게 4개의 사탕을 주었는가?

B : 타로는 누군가로부터 4개의 사탕을 받았는가?

이와 같은 해석이 가능하기에 선생님이 어느 쪽을 의도해서 문제를 냈는지 판단, 추론할 필요가 있습니다. 단순하게 보여도 문제를 풀기 위해서는 인지 기능과 관련된 총체적인 능력이 필요한 것이지요. 만약 그중 하나라도 약한 부분이 있다면 문제를 풀 수

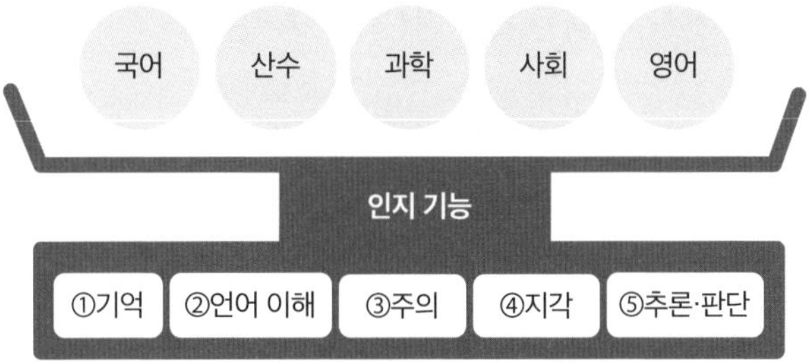


**[그림 2-6] 학습은 인지 기능이 바탕이 된다**

없습니다.

인지 기능은 [그림 2-6]처럼 학습에 필수적인 기능 그림으로, 학습에 걸림돌이 있는 아이는 인지 기능 중 일부 또는 여러 부분에서 취약할 가능성이 있습니다.

그럼 인지 기능이 전체적으로 약한 아이란 '경계선 지능'이나 '경도 지적장애'에 해당하는 아이들입니다. 이러한 아이들은 세계 인구 중 약 16% 정도 있다고 알려져 있습니다. 그러니까 한 학급이 30명으로 본다면 그중 5명은 인지 기능이 약하다는 통계입니다.

특히 정상적인 아이에 비해 인지 기능이 70~80% 정도만 발달한 아이 즉 경계선 지능(PART 3에서 구체적으로 설명)의 아이는 학교에서도 거의 눈치채지 못합니다. 단지 '말썽쟁이'로만 볼 뿐이지요.

### 노력과 반성을 못 하는 것은 상상력이 부족한 탓

인지 기능의 취약함이 끼치는 영향은 공부만이 아닙니다. 인지 기능 중 하나인 상상하는 능력(추론)이 결여되면 또 다른 문제가 발생하지요. 그 예를 들어보겠습니다.

시간 개념은 상상하는 능력 중에 매우 중요한 부분입니다. 시간 개념이 약한 아이는 '어제·오늘·내일' 3일간 정도밖에 상상할 수 없습니다. 어떤 경우에는 몇 분 후의 일조차 상상하지 못하는 아이도 있습니다.

미국 스탠퍼드 대학의 심리학자 월터 미셸은 '마시멜로 테스트'라는 실험을 했습니다. 네 살짜리 아이의 눈앞에 1개의 마시멜로를 놓아두고 눈앞에 있는 1개의 마시멜로를 15분 동안 먹지 않고 참는다면 1개를 더 주겠다고 했습니다. 그 후 아이를 혼자 남겨두고 모두 나갑니다.

연구자들은 '마시멜로 먹는 걸 참은 아이'와 '참지 못한 아이'에 관해 반세기에 걸쳐 추적 조사를 했습니다. 그 결과 마시멜로 테스트에서 먹는 걸 참았던 아이는 사회적으로 성공했다는 사실을 알게 되었습니다. 즉, 지금 먹는 걸 참으면 후에 더 좋은 일이 있을 것이라고 상상했기에 가능한 일이었지요.

인지 기능이 약하고 상상력이나 시간의 감각이 약하면 '지금

참으면 후에 더 좋은 일이 있을 거야.', '한 달 뒤에 있는 축구 경기나 정기 시험을 위해 열심히 노력해야겠다.', '장래 ○○이 되고 싶으니까 힘내자.'와 같은 구체적인 목표를 세우기가 어려워집니다.

목표를 세우지 못하는 사람은 노력할 수 없습니다. 노력하지 않으면 무엇을 이루었다는 성공을 체험하지 못하기에 자신감을 잃고 자존감이 낮은 상태로 남게 됩니다.

또한, 인지 기능이 약하면 여러 가지를 배워도 축적되지 않습니다. 오늘 열심히 배웠지만 다음에 배울 때에는 이전 시간에 배운 내용이 기억나지 않습니다. 다시 '제로' 상태에서 시작하게 되는 것이지요. 그로 인해 교육이 아무 의미 없이 되는 경우가 있습니다.

실제로 비행 청소년에게 피해자의 수기를 읽게 했을 때 "이 피해자가 무슨 말을 하는지 너무 어려워 잘 모르겠습니다."라는 반응이 나옵니다. 피해자의 감정을 이해했다고 대답한 아이도 전혀 다르게 이해하는 사례가 많이 있습니다. 설마 하겠지만, 그 아이들이 일부러 그러는 것도 아니고 장난을 치고 있는 것도 아닙니다. 자신 외에는 남을 이해해본 적이 없고 상상하지도 못하기에 알 수 없는 것입니다. 그래서 이들에게 어떤 교육을 하면 좋을지,

소년원의 교도관들도 고민이 많았다고 합니다.

학교나 가정에서 교육해도 매번 '알겠다', '미안하다'라는 말만 반복할 뿐 같은 실수를 반복하는 아이가 있습니다. 쉽게 변화되지 않는 게 아이들이지요. 그러므로 교정 교육矯正教育 같은 특수한 환경뿐만 아니라 학교 교육이나 가정에서도 아이들의 발달 수준에 따라 근본적인 부분부터 교육해 나갈 필요가 있습니다. '보고 이해하는 능력'이나 '듣고 이해하는 능력'과 같이 구체적으로 접근해야 합니다.

나쁜 짓을 하고 반성시키기 전에 아이가 '무엇이 잘못되었는지를 이해할 능력이 있는가?', '앞으로 어떻게 하면 좋을지 생각할 능력이 있는가?'를 따져 봐야 합니다. 만약 그 능력이 약하다면 인지 기능의 능력을 향상시키는 것이 무엇보다 선결되어야 합니다.

인지 기능은 학습뿐만 아니라 사람에게 흥미를 갖게 하지요. 사람의 기분을 파악하게 하며 사람과 대화하는 소통 능력을 키워줍니다. 스스로 생각하고 행동하며 여러 가지 곤란한 문제에 대처하는 '문제 해결력' 또한 높아집니다. 아이가 생활하는 데 꼭 필요한 능력이지요.

## 2. 대인관계 능력의 취약함

**대인관계 능력의 취약함에서 나타나는 특징**

- 사람의 기분을 모름
- 금방 화를 냄
- 상대방을 불쾌하게 만듦
- 자신의 문제점을 모름
- 남의 결점을 들춰내 헐뜯음
- 싫은 것을 거절하지 못하고, 자신의 의견을 그 상황에 맞추어버림
- 한 가지 일에 몰입하면 주위의 것을 보지 못함
- 돌발상황에 약함

### 좌절하기 쉬운 대인관계

아이들이 가장 스트레스를 받는 것 중 하나는 '대인관계'입니다. 이 부분은 우리 어른들도 마찬가집니다. 대인관계가 좋지 않으면 학교생활이나 일상생활에서도 어려움이 일어납니다. 곧 그

아이가 잘 적응하지 못하고 생활하기 힘든 문제로 연결됩니다. 그러므로 사람과 사람 사이 관계를 잘 풀어나가기 위한 '대인관계 능력'은 필수적입니다.

대인관계 능력이란 '소통 능력'입니다. 여기서 말하는 소통이란, 대화 이외에도 상대방과 시선을 마주치는 방법이나 상대방과의 거리를 두는 방법, 상대의 기분을 이해하는 것, 다른 사람과 문제가 있을 때 그것을 해결하는 능력도 포함됩니다. 이러한 부분에서 능숙하지 못하면 소통에 답답함을 느끼고 스트레스를 받는 경우가 생깁니다.

대인관계가 서툰 아이가 대인관계 능력을 갖추기란 결코 쉬운 일이 아닙니다. 어른 중에도 소통에 자신 있는 사람이 얼마나 있을까요? 개인차가 있겠지만 대부분이 어려움을 겪고 있다고 보아도 과언이 아닙니다. 아이러니하게도 과학과 문명이 발달할수록 이 문제의 어려움은 더 커지는 것 같습니다. 소통 능력이라는 것은 경험에서 나오는데 그만큼 대인관계가 줄어들고 대면하는 시간이 줄어들면서 여러 문제가 생기기도 하니까요. 소통은 사람의 나이 40세일 경우 40년간 그 사람 인생의 산물입니다. 그런데도 소통 능력이 그렇게 쉽게 향상되지는 않지요. 당연히 태어난 지 10년밖에 되지 않은 아이가 몸에 익히는 것은 더더욱 어렵습니다.

그렇다면 어떻게 해야 할까요? '대인관계 능력의 취약함'을 이해하기 위해 몇 가지로 나누어 생각해보겠습니다.

**• 감정의 문제**

상대방의 기분을 이해하지 못하고 상대방을 불쾌하게 만든다.

자신의 감정을 조절하지 못하고 금방 화를 낸다.

**• 자기평가의 문제**

자신을 잘 알지 못한다.

**• 회화력의 문제**

기본적인 회화 예절을 모른다.

친구가 무슨 말을 하는지 모르고 농담도 모른다.

싫은 것을 거절하지 못하고 자신의 의견을 그 상황에 맞추어버린다.

**• 유연성의 문제**

융통성이 없으며 돌발상황에 약하다.

위와 같은 문제의 배경에는 발달 문제가 크게 연관되어 있습니다. 보고 이해하는 능력이나 듣고 이해하는 능력, 상상하는 능력

같은 인지 기능이 약하면 상대방의 표정이나 불쾌함을 읽을 수 없지요. 그 자리의 분위기를 파악하지 못합니다. 상대방의 이야기를 이해하지 못하며, 이야기의 배경을 이해할 수 없지요. 대화를 따라가지 못하니 대화가 이어지지 않습니다. 자신이 한 행동에 대한 미래를 예측하지 못하는 문제도 발생합니다.

그로 인해 대화를 이어가지 못하고 친구도 멀리하는 존재가 되지요. 친구를 불쾌하게 하여 따돌림을 당하거나 나쁜 친구가 시키는 대로 다 하는 부적절한 행동으로 이어질 가능성이 큽니다. 이러한 각각의 문제사례를 살펴보겠습니다.

### 사람의 기분을 이해하는 것과 감정 조절의 서투름

여기에서는 감정적 측면에서 2가지 문제가 나타납니다.

**【사례 3】 상대방의 마음을 이해하지 못하는 경우**

**• 문제 상황 : 사람의 마음을 이해하지 못해 말썽이 생김**

D은 어릴 때부터 소중히 기르던 개가 사고로 죽고 말았습니다. 형제가 없는 D에게 개는 소중한 존재였기에 사고 이후 완전히 우울해졌습니다. 그런 때에 C가 싱글벙글 다가왔습니다.

C : 강아지가 죽었다고? 또 사면 되지 않을까? 똑같은 강아지를 애견숍에서 팔던데.

D : (울먹이며)말도 안 돼!

C : 어쨌거나 네 강아지를 빨리 잊을 수 있는 좋은 방법이잖아.

**▶사람의 마음을 이해하기 위한 3가지 레벨**

위 사례에서 문제의 원인은 C에게 있습니다. 말을 한 배경과 의도가 나쁘지 않았더라도 분명 C는 '더욱 상대방의 기분을 헤아려야 되지요. 그렇다면 C는 어느 정도까지 상대방의 기분을 헤아리면 되는 것일까요? 여기에 사람의 기분을 살피고 이해하는 방법을 정리해보겠습니다.

**C가 D의 마음을 이해할 수 있는 3가지 레벨**

① D의 슬픈 표정을 읽는다.

- D의 표정에서 알아차리고 관심을 가진다.
- D의 표정을 보고 '아, D가 슬퍼하고 있구나.'라고 알아차릴 수 있다.

② D의 마음이 어떨지 생각해본다.

- '애지중지하던 개가 죽어서 마음이 아프구나'라는 마음을 읽어야 한다.
- D의 표정 이외의 정보와 상황을 살피며 D의 심정을 살핀다.

③ D에게 공감한다.

- D는 형제가 없으니 개를 동생처럼 아꼈었지. 사이가 좋았던 동생이

죽었을 때와 같이 힘들지 않을까?'

• D 본인이 처한 상황 배경까지 상상해서 D의 심정을 이해한다.

위 세 단계 레벨을 문제의 아이에게 적용해보고 '사람의 기분을 살피고 이해'하는 마음이 어느 레벨에서 막혔는지를 분명히 알아야 합니다. C의 경우, 처음부터 D의 슬픔을 읽어내지 못했기 때문에 ①의 문제가 생긴 것입니다. 만약 ①이 되지 않다면 '표정 인지'에 문제가 있다고 추정됩니다. 어쩌면 '시각 인지'에도 문제가 있을지 모르니 여기에는 주의를 기울일 필요가 있습니다. 시각의 문제라면 안과를 찾아가야 합니다.

상대방의 표정 인지를 위해서는 '표정 자체를 읽는 것'과 '상대방의 표정에 주의를 기울이는 것' 두 가지 방법이 있습니다. 표정 읽기 연습에 대해서는 PART 5에서 자세히 설명하겠지만 먼저 표정 카드를 이용해 표정과 그 외 신호를 알아차리는 연습이 필요합니다. 그리고 표정 이해를 위해서는 대화할 때 상대방과 가까운 거리를 적절하게 유지해야 합니다. 상대방에게 몸과 얼굴을 향하고 상대방의 눈을 보는 것도 중요합니다.

②에 도달하기 위해서는 도덕적인 측면이 발달되어야 합니다. 다양한 체험을 할 필요가 있으며 시간도 필요합니다. 조금이라도 더 많은 체험을 통해 다른 사람의 마음을 이해하고 생각할 기회

를 늘려주는 것이 중요하지요.

③에 도달하기 위해서는 상당히 높은 수준이 필요합니다. 대인 관계 능력과 사회성이 성숙한 이후에 도달할 수 있지요.

예를 들어, 도형을 보고 그려보라고 했을 때 전혀 다른 도형을 그릴 경우 '그 아이가 보고 있는 도형이 다른 형태로 보이는' 경우일지도 모릅니다. 이런 경우에는 표정보다 그에 앞선 더 기본적인 시각인지 훈련(PART 5의 관찰력 트레이닝 참조)을 해야 합니다.

**【사례 4】 자기감정을 통제할 수 없는 경우**

**• 문제 상황 : 금방 화를 냄**

모두 조용히 과제를 수행하고 있는 수업시간에 F가 E에게 말했습니다.

F : E야, 그거 틀렸어.

F는 친절한 마음에서 E에게 가르쳐주려고 한 것입니다. 그런데 F의 말을 듣고 E는 갑자기 소리 지릅니다.

E : 뭐야? 안 틀렸어.

F: 선생님이 말씀하신 답이랑 다르잖아.

E : 뭐?

E는 벌떡 일어나 책상을 걷어찼습니다. 모두 놀라서 E를 쳐다보았습니다.

### ▶분노의 배경은 낮은 자신감

화를 쉽게 내는 아이는 주변에서 문제아로 여기는데 그 배경은 무엇일까요? 화를 내는 직접적인 원인은 '분노'입니다. '바보 취급을 당했다', '내 마음대로 되지 않는다'라고 느껴 분노로 이어지는 것이 대부분입니다.

E의 경우도 F로부터 '잘못을 지적 받았다=바보 취급을 당했다'라고 느껴 화를 낸 것입니다. 이와는 반대로 "F야 고마워."라고 답례를 하는 아이도 있습니다. 그런데 왜 E는 [그림 2-7]처럼 바보 취급을 당했다고 느꼈을까요? 자신감이 없는 E의 심리에서 그 원인을 찾을 수 있습니다.

자신감이 낮은 배경에는 '대인관계를 잘 맺지 못하고 공부에 집중하지 못한다, 가만히 있지 못한다, 선생님으로부터 자주 주의를 받는다, 잃어버리는 물건이 많다, 운동을 잘 못한다' 등 원인도 다양합니다. 발달장애로 잘 적응하지 못하고 생활하기 힘든 아이일 가능성이 크지요. E는 공부를 잘하지 못하고 모든 일에 언제나 실패가 거듭되기에 자신감이 떨어진 상태입니다. 그러기에 F의 말에 '난 안 돼, 모두 나를 바보 취급하고 있는 것이 틀림없어.'라고 강한 피해 의식을 드러낸 것입니다.

이 사례도 F는 친절한 마음으로 가르쳐 주려던 것인데 E는 '제

**[그림 2-7] 자신감이 없으면 받아들이는 방식이 달라진다**

대로 답을 하지 못하는 나를 속으로 바보 취급하는 게 틀림없어' 라고 느낀 것입니다. 지금까지 일이 잘 풀리지 않았던 자신에 대한 '자신 없음'이 자신의 마음에 계속 쌓였던 까닭입니다.

일반적으로 사소하게 여겨지는 사건(자극)도 자신에게는 과거의 실패와 결부돼 안정감을 빼앗깁니다. 안정감이 들지 않을 때 사람들은 '싸운다', '도망간다', '그 자리에서 경직돼버린다' 등 몇 가지로 반응합니다. 하지만 분노의 경우는 '자신감이 없는 자신을 위협하는 적과 싸우고 있다'라는 상태로 몰고 가는 것이지요.

### ▶강한 고정관념에 의한 분노

분노의 또 다른 배경에는 '내 마음대로 되지 않는다'라는 원인이 깔려 있습니다. 상대방에 대한 강한 요구나 강한 고정관념이 원인입니다. 상대방에게 '이렇게 해!'와 같은 강력한 요구나 '넌 틀리고 내가 맞아!', '넌 꼭 이렇게 해야 한다!'와 같은 강한 자기애와 고정관념을 발휘하는 것입니다.

하지만 모두 알다시피 상대방은 항상 자기가 원하는 대로 해 주지 않습니다. 이러한 부분에서 바보 취급을 당했다는 기분이나 존중받지 못했다는 마음을 품게 되지요. 이것이 곧 '분노'로 이어져 자기가 원하는 대로 잘 되지 않는다고 갑자기 화를 내는 작용으로 나타납니다.

## 비뚤어진 자기평가

'나는 이해받지 못한다.', '나를 이해해 주는 사람은 없다.'라고 느끼는 아이가 주변에 있지 않습니까? 다음은 아이가 자신에 대해 잘 모르는 경우의 사례입니다.

### ▶다른 사람은 자신을 알기 위한 거울

위 사례에서 G는 자신을 객관적으로 보지 못하고 있습니다. 자신에 대한 적절한 평가가 이루어지지 못해 자기 문제점을 알지

**【사례 5】 내가 당하면 싫은 것을, 남에게 할 때는 태연한 얼굴**

G는 자신을 누군가 함부로 대하면 화를 내면서 다른 사람에게는 막말을 합니다.

G : (서슬이 시퍼런 얼굴로) H야, 그런 짓을 했으니 사과해!

H : 너도 언제나 나에게 그렇게 하잖아.

G : 선생님, I가 장난치고 있어요.

I : 너도 항상 까불고 장난치잖아. (이 상황에서 선생님도 H나 I와 똑같이 느끼고 있습니다.)

못합니다. G는 왜 제대로 자기평가를 하지 못하는 걸까요? 그건 바로 다른 사람과의 관계가 순조롭게 진행돼 본 적이 없기 때문입니다.

사람은 상대와 대화 중에 상대가 화난 표정을 하고 있으면 '내가 미움을 받는 게 틀림없어. 나의 어디가 나쁜 것일까.'라고 생각합니다. 반대로 누군가 웃는 얼굴로 대해준다면 '난 인기가 많아. 분명 모두 나를 좋아해!'라고 상대방으로부터 알 수 있는 다양한 신호를 자신에게 피드백합니다. 관계 맺음을 통해 자신이 어떤 사람인지 인식해 가는 것입니다. 그러므로 자신을 알기 위해서는 타인과의 커뮤니케이션이 중요합니다. 타인이 본 자신의 모습을 자신에게 피드백하는 작업이 필요하다는 것입니다.

그런데 만약 상대방의 신호에 주의를 기울이지 않아 일부분의 신호만 알아차리거나, 신호를 잘못 이해하게 된다면(상대방이 화가 나 있는데도 웃고 있다고 판단하는 등) 어떻게 될까요? 당연히 피드백도 잘못하게 됩니다.

적절한 자기평가를 하려면 한쪽으로 치우치지 않는 객관적이

**[그림 2-8] 인지 기능이 취약하면 상대방의 감정을 잘못 받아들이게 된다**

고 적절한 정보 수집능력이 필요합니다. 신호를 잘 받아들이기 위해서는 상대방의 표정을 정확하게 읽고 말도 정확하게 이해할 필요가 있습니다. [그림 2-8]처럼 '인지 기능'이 여기에도 관련되어 있습니다.

## 대화 능력이 부족하면 대등한 관계를 구축하지 못한다

**【사례 6】 거절하지 못해 싫은 일을 억지로 하는 경우**

**• 문제 상황 : 싫은 걸 거절 못함**

J의 집에 K가 놀러 왔습니다.

K : 오, 이거 새 게임 아니야? 좀 빌려주면 안 돼?

J : 어제 부모님이 사준 게임이야. 아직 한 번도 해보지 못했어.

K : 어? 그래? 내가 먼저 해보면 안 돼? 나 이 게임 꼭 해보고 싶었어.

J : 으… 그래도… 아, 알겠어.

K : 넌 참 좋은 친구야!

K가 집에 돌아간 뒤 어머니가 묻습니다.

어머니 : 어제 산 게임은 어디에 뒀니?

J : K가 빌려달라고 해서 빌려줬어.

어머니 : 너 또 싫은데 거절하지 못했구나.

▶대인관계 능력 부족으로 대등한 관계를 맺지 못한다

싫은 것을 거절하지 못하고 곧바로 주변 상황에 맞추는 아이들이 있습니다. 양보하거나 물러서는 이유에는 그래야 상대가 '너는 상냥하다', '좋은 친구'라고 하기 때문입니다. J 같은 아이에게는 공통적으로 '친구들의 부탁을 들어준다=상냥한 사람'이라는 생각이 있습니다. 그만큼 대인관계 능력이 취약한 상황이지요.

인지 기능이 취약하면 친구들과의 대화를 따라가지 못하고 대등한 관계를 구축하지 못합니다. 친구와 어울리지 못해 따돌림을 당하기도 합니다. 이를 아는 아이들은 따돌림을 당하지 않기 위해 필사적으로 노력합니다. 만약 J가 친구들 마음에 들기 위해 장난을 치거나 나쁜 짓을 했을 때 'J는 참 재미있네', '대단하네'라고 말하면 '이렇게 하면 사람들로부터 주목을 받게 되는구나'라고 잘못된 학습을 하게 됩니다.

위의 사례도 마찬가지인데 친구로부터 '너는 상냥하다'라는 말을 듣기 위해 자신이 싫은데도 불구하고 게임을 빌려준 것입니다. 그리고 '내가 친구에게 도움이 되었다'라는 구원받은 기분이 맛보는 것이지요. '상냥하고 좋은 녀석'이라고 인식되고 싶기에 싫은 일도 떠맡게 되는 것입니다.

그런데 이런 아이들이 만약 나쁜 친구를 사귀게 되면 어떻게 될까요? 극단적인 예로 왕따가 되지 않기 위해 스스로 물건을 훔치고 나쁜 짓을 감행하게 됩니다. 싫은 것을 거절하지 못하는 착한 아이일수록 나쁜 친구가 하자는 대로 따라합니다. 범죄까지는 가지 않아도 강한 아이에게 맞추며 안정감을 찾습니다. 이는 실제로는 자신의 입지에 불안감을 느껴 영향력이 있는 친구에게 맞추면서 일시적 안정감을 얻고 있는 것입니다.

지금 내 자녀가 친구들과의 사이에 그런 역학 관계에 빠져 있는지 살펴보기 바랍니다.

### 유연성이 없으면 선택의 폭이 줄어든다

**【사례 7】 융통성이 없어 임기응변으로 대처가 서툴다**

**• 문제 상황 : 한 번 마음을 먹어버리면 수정이 안 됨**

선생님이 학생들 앞에서 시범을 보이고 있다.

선생님 : 제가 하는 걸 보세요. 우선 이렇게….

다들 선생님을 따라 하는데 L만 다른 식으로 하고 있다.

선생님 : L, 뭐하니? 하는 방법이 다른데?

L : 저는 언제나 이 방식으로 했어요. 이게 좋아요.

선생님 : 그 방식 이상하지 않니?

L : 아니요. 왜 이상해요?

선생님 : L, 다른 사람의 의견을 듣고 방식을 바꾸면 다른 결과가 나올 수 있어. 네가 매번 실패하는 까닭을 생각해보렴.

▶ **사고가 경직되어 있다**

L에게는 '생각 없이 즉흥적으로 하는 것처럼 보인다.', '하기 전부터 꼭 그런 줄로만 굳게 믿어버리고 있다.', '한 가지 일에 몰두하면 주변을 보지 못한다.'와 같은 특징이 있습니다.

이런 성향의 배경에는 유연성 결여나 경직된 사고가 있습니다. 다른 곳에 주의를 기울이지 못하기에 더 많은 선택지를 생각할 수 없는 경우입니다.

우리는 보통 어떤 어려운 문제에 맞닥뜨렸을 때 몇 가지 해결책을 생각합니다. 그중 어떤 해결책이 가장 나을 것인지를 판단하고 선택하지요. 그 결과 성공하게 되면 그 방법대로 계속 시행하고, 실패하면 다른 해결책을 선택해 다시 시도합니다.

그러나 L처럼 유연성이 없고 경직된 사고는 하나의 해결책만 봅니다. 해결책이 하나만 있으면 그것이 제일 좋은 선택지인지 아닌지 비교할 수 없고 과거에 비슷한 실수를 했더라도 다른 해결책을 모르기에 같은 실수를 반복하게 됩니다.

일상생활에서 융통성이 없는 사람은 다음과 같은 행동을 하기 쉽습니다.

- 한 번 더 신중히 생각하지 않고 바로 행동으로 옮긴다.
- 하기 전부터 이미 굳게 믿는 게 있어 바로 돌진한다.

- 다양한 힌트가 있어도 알아차리지 못한다.
- 1개의 작업과 과제에 일부분만 주목하여 정말 필요한 부분은 간과한다.
- 눈에 보이는 일에 바로 달려든다.
- 보이는 물건의 배경이나 그 주위를 깨닫지 못한다.
- 속기 쉽다.
- 과거 경험에서 배우지 못하고 같은 실수를 반복한다.

이러한 요소는 대인관계에서 다양한 갈등을 일으키는 주범입니다. 주의를 기울여야 할 부분입니다.

**▶유연성이 부족하다**

문제를 일으킨 아이들은 피해자 의식이 강하다는 특징이 있습니다. 걸으면서 스쳐 지나칠 때 눈이라도 마주치면 '노려봤다', 어깨가 약간 닿은 것만으로 '시비 건다', 주위에서 서로 두런두런 이야기하면 '내 욕한다'라고 생각하는 것입니다. 인지 능력(보고 이해하는 능력, 듣고 이해하는 능력)의 취약함으로부터 기인한 것이지요. 하지만 '경직된 사고'도 피해 의식을 강하게 만드는 원인입니다. 그래서 무슨 일이 일어났을 때 '혹시 자신이 착각했을지도 모른다', '기분 탓이다', '일부러 그런 게 아닐 거야'라는 생각을 전혀 하지 못합니다.

생각의 초입부터 '꼭 그렇다'라고 단정하고 사고의 수정을 하지 못하지요. 자꾸 피해 의식만 강화하는 것입니다. 어떤 계기가 되는 일이 생기면 싸우려 듭니다.

### 3. 신체 능력의 취약함

**신체 능력의 취약함이 나타나는 때**

- 손재주가 없다
- 몸치이며 단체 운동에 서투르다
- 힘을 조절하지 못하고, 물건을 잘 망가뜨린다
- 자신의 몸의 움직임을 예측할 수 없다
- 좌우를 알지 못한다

## 일상생활에 영향을 미치는 신체적인 서투름

발달 측면에서 신체 능력의 취약함은 '신체적으로 서투르다'라고 해도 무방합니다. 신체적 서투름으로는 '발달 협응 장애 developmental coordination disorder(이하 DCD)'라는 질환과 관련된 경우가 대부분입니다.

협응 운동이란 여러 다른 동작을 하나로 통합하는 운동입니다. 예를 들어 설거지할 때를 생각해봅시다. 지금 설거지하는 중이라면 접시를 떨어트리지 않도록 한 손으로 접시를 잡고 다른 한 손으로 스펀지를 잡고 있을 것입니다. 접시를 문지르는 두 손이 서로 협력하여 다른 동작을 하는 것인데 이것이 바로 협응 운동입니다.

신체의 협응에 장애가 있다면 신체적인 서투름으로 이어집니다. 협응 운동에는 몸을 크게 움직이는 '조대 운동'과 손끝의 동작인 '미소 운동'이 있습니다. 이러한 운동에 어려움을 가진 아이들은 세계 인구 중 5~11세에 약 6% 정도라고 추정됩니다.

DCD의 경우 몸을 잘 움직일 수 없어 일상생활에 어려움을 겪게 됩니다. 보통 손재주가 있다고 여겨지는 미소 운동에는 신발끈 묶기, 단추 채우기 같은 신체적 자립에 중요한 움직임이나, 글씨 쓰기, 가위 사용하기, 종이접기, 악기 연주하기 같은 창작 활동에 필요한 움직임이 있습니다. 이렇게 여러 활동과 관련된 신체적인 서투름은 단순히 몸치만을 의미하는 게 아니라 신체적 자립이나 창작 활동에 지장을 초래하는 원인이 되고 있습니다.

## 서투름은 주위에서 먼저 눈치챈다

신체적 서투름은 크게 눈에 띄게 됩니다. 학교에서는 수학 점수 30점이라도 들키지 않고 잘 감추면 수학을 못 하는지 아무도 모릅니다. 하지만 신체 동작은 다릅니다. 체육 수업시간이나 운동회에서 서투름이 들통나게 됩니다. 단체 동작에서 여러 명이 한 타이밍을 맞추는 운동에서 특히 두드러져 모두에게 비난을 받습니다. 아이는 자신감을 잃고 왕따의 대상이 될 수 있지요. 실제로 아이들과 상담하다 보면 공부나 대인관계가 서투른 것보다 신체적 서투름으로 더 자신감을 잃었다는 예가 많습니다.

## 자기 생각대로 몸을 움직이지 못한다

**【사례 8】 자신의 신체 동작 이미지를 파악하지 못한다**

**• 문제 상황 : 몸치라 집단운동을 못 한다.**

선생님이 M을 불렀습니다. M은 선생님에게 가는 도중 책상에 몸을 부딪쳐 넘어지고 말았습니다. 체육 시간에 선생님이 운동회 춤 연습을 지도하고 있습니다. M은 매번 좌우 동작을 반대로 합니다. 화가 난 선생님은 계속 'M'을 부르며 똑바로 하라고 합니다. M은 주위를 둘러보다가 자신만 좌우 동작이 다른 것을 깨달았습니다.

**▶신체 동작에 대한 이미지를 그리지 못한다**

힘 조절을 못 하고 물건을 잘 부수는 아이가 있습니다. 자동차에 비유하면 핸들을 얼마나 돌려야 자동차가 얼마만큼 움직이는지 정확하게 파악하지 못하는 상황과 비슷합니다. 그만큼 자신의 신체 동작에 대한 이미지를 그리지 못하는 것입니다.

좌우도 모르는 아이가 있습니다. 오른손을 들어보라고 했을 때 바로 오른손을 들면 좌우는 구별할 줄 안다고 생각하기 쉽지만 사실은 그게 아닙니다. 선생님이 오른손을 들면서 오른손을 들라고 한 것입니다. 만약 선생님이 아이 앞에 서서 "선생님이랑 똑같이 해봐요."라고 했을 때, 오른손을 들지 못한다면 그것은 좌우를 모르고 있는 것입니다. 좌우를 모르면 상대방의 흉내를 낼 수 없지요. 즉, 상대방의 신체 동작 이미지를 자신에게 옮기지 못하는 상태입니다.

## 손재주에서 다름이 보인다

**【사례 9】 손재주가 없고 작업이 느린 아이**

**• 문제 상황 : 손재주가 없어 작업에 시간이 오래 걸린다.**

선생님이 색종이에 그려져 있는 선에 따라 가위로 잘라보라고 시켰습니다. 가위로 자른 후 풀로 붙이면 되는 활동입니다. 그러나 N

은 가위를 들고 열심히 잘라보지만 아무리 해도 선에서 벗어나 반듯하게 자르지 못합니다. 주위를 둘러보니 모두 다 끝내고 다음 과제를 하고 있습니다.

**▶시각 인지나 자세가 나쁘면 손재주가 없다**

손재주가 없으면 앞에서 설명한 바와 같이 DCD에 의한 협응운동 중 미소 운동이 약한 것입니다. 글씨, 묘사, 직소 퍼즐, 모형 조립, 지도를 그리거나 보는 것을 잘하지 못한다는 특징이 있지요.

다른 관점에서 본다면 시각인지의 취약함(종이접기에 그려져 있는 선이 가늘어 인식하기 어려운 가능성)이나 자세가 좋지 않은 점도 원인으로 볼 수 있습니다. '안 좋은 자세'가 근육의 조정 기능에 문제를 나타내기 때문입니다.

신체 근육의 긴장이 약화되면 필요 이상으로 관절이 부드러워지지요. 똑바로 서도 배가 나오고 자세가 나빠집니다. 반대로 근육의 긴장이 강해지면 유연성이 떨어져 로봇과 같은 어색한 움직임이 되기도 합니다. 자세가 나쁘면 가만히 앉아 있을 수 없습니다. 여기에 더해 손끝의 미세한 움직임에도 영향을 미쳐 손재주가 없는 것으로도 이어집니다.

## 힘 조절에 서툴러 다툼으로 이어진다

**【사례 10】 힘 조절을 못 해 친구와 문제가 생기는 경우**

**• 문제 상황 : 힘 조절을 못 해 사람을 화나게 만든다**

선생님 : 옆 사람 어깨를 천천히 두드려주세요.

O는 P의 어깨를 툭툭 쳤습니다.

P : 아 아파! 좀 살살 때려! 일부러 그러는 거 아니야?

O : 가볍게 때렸어. 일부러 그런 거 아니야.

그러나 P는 너무 아파 울어버렸습니다.

**▶힘 조절의 피드백이 전달되지 않는다**

O가 특별히 힘이 센 게 아닙니다. 자동차 운전에 비유하면 액셀을 어느 정도 밟아야 속도가 어느 정도 나오는지 정확하게 파악하지 못하는 상황과 비슷합니다. O는 힘 조절을 못 하고, 액셀을 계속 밟고 있는 상태라고 상상하면 이해하기 쉬울 것입니다.

근육의 고유 수용 감각(근육 안에 있는 센서로 지금 얼마나 근육이 성장하고 있는지를 감지하는 작용이 있음)과 운동에 대한 피드백 기능이 적절히 작용하지 않은데 문제의 원인이 있습니다.

대인관계에서 힘의 결과는 상대가 말하지 않는 이상 좀처럼 알기 어렵습니다. 위 사례처럼 P로부터 '아프다'라는 말을 듣고 나서야 알 수 있지요. 만약 상대방이 아무 말도 하지 않으면 O는 '이 정도 힘을 줘서 때려도 되는구나.'라고 잘못된 학습을 하게 됩니다.

### 신체적 서투름이 사회 부적응으로 이어진다

몸놀림이 극단적으로 이상하거나 서투른 아이를 살펴보겠습니다.

#### 1. 신체적으로 서툰 아이가 한 행동

- 야구를 할 때 공을 1루에 던지려고 했으나 3루로 날아가버렸다.
- 축구를 할 때 공이 아닌 상대방의 다리를 차버려 몇 사람이나 부상당했다.
- 세면대의 수도꼭지를 너무 돌려 망가졌다.

#### 2. 사회생활 중에서 신체적으로 서툰 아이가 한 행동

- 설거지 아르바이트를 할 때마다 매번 접시를 깨뜨린다.
- 요리를 나를 때 너무 세게 놓아 손님에게 음식물이 튀었다.
- 건설 현장에서 몸을 움직이는 것이 효율적이지 못하다고 소장으로부터 매번 혼났다.
- 싸움 중에 상대방의 머리를 짓밟아 두개골이 함몰되었다.

• 어깨동무를 한다는 것이 너무 강도가 세서 상대방이 부상당했다.

물론 단순한 실수도 있지만 서툴다는 핑계 상황으로 끝나지 않는 갈등도 많이 일어납니다. 성실하게 일하려고 노력해도 신체적으로 서툴러 해고되는 경우 여러 직업을 전전하기도 하지요. 또한, 본인의 의지와 달리 타인에게 상해를 입히는 경우도 있습니다.

신체적으로 서툴면 '머리를 쓰는 직업을 가지면 되지 않을까?'라고 생각할 수도 있습니다. 그러나 신체적 난관은 인지 기능에도 영향을 주어 머리 쓰는 직업도 갖기 어렵습니다. 게다가 대인관계도 서툴러 서비스업에도 종사하기 어려운 경향이 있습니다.

안정된 생활이 비행을 방지하는 데 필수 요소이지만 신체적 서투름이 다시 비행을 저지르는 위험을 높이지요. 그로 인해 '신체적 서투름'은 아이에게 치명적인 약점이 됩니다. 그래서 잘 적응하지 못하고 생활하기 힘든 아이에게는 학습적인 면이나 사회적인 면뿐만 아니라 신체적인 면에 대한 지원도 필수적으로 이뤄져야 합니다.

**PART 2 핵심 요약**

☑ 학교에서 잘 적응하지 못하고 생활하기 힘든 아이는 살아가는 데 필요한 3가지 능력이 결여되어 있다.

☑ 아이에게 중요한 3가지 능력은 인지 능력, 대인관계 능력, 신체 능력이다.

☑ 3가지 능력은 살아가는 데 기본이 되는 능력이다. 한 부분이라도 결여되면 모든 면에 잘 적응하지 못하고 생활하기 힘들다. 비행 등으로 이어질 가능성도 크다.

PART 3

# 적응하지 못하고 생활하기 힘든 아이의 미래

## 적응을 잘 하지 못해 매사 힘들어하는 아이

잘 적응하지 못하고 생활하기 힘든 아이가 제대로 된 지원을 받지 못하면 어떻게 될까요?

적응하지 못하고 생활하기 힘든 아이들이 만약 아무런 지원도 받지 못한다면 어떤 어른이 되는지를 알아보겠습니다.

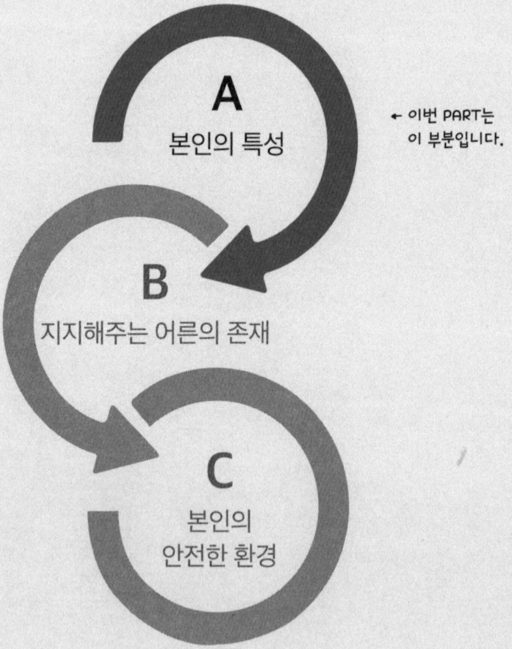

## Check List

자녀(혹은 주변에 신경이 쓰이는 아이)가 다음 항목 중 해당하는 것에 체크해보세요.

☐ 전혀 밖에 나가지 않아 이러다 집에만 계속 틀어박히는 건 아닐까 걱정됨

☐ 왕따를 당하지 않을까 걱정됨

☐ 과연 장래에 직업을 가질 수 있을지 걱정됨

☐ 앞으로 혼자서 살아갈 수 있을지 걱정됨

☐ 나쁜 사람에게 속거나 이용당하지 않을까 걱정됨

☐ 누구에게도 이해받지 못하고 결국 범죄를 저지르지 않을까 걱정됨

# 어른이 되어도 나아지지 않는다

**성인이 된 후에도 이어지는 사건 사고**

뉴스를 보면 '성인인데 왜 저런 범죄를 저질렀을까?'라고 의아하게 생각되는 사건을 가끔 접합니다. 몇 번이나 절도를 반복하는 사람, 사소한 일로 갑자기 화를 내는 사람, 요즘 자주 일어나는 난폭 운전 사건, 코로나로 자숙이 요구되는 상황에서 하는 부적절한 행동 등 '왜 저런 바보 같은 짓을 할까?'라는 생각이 듭니다.

PART 2에서 소개한 '잘 적응하지 못하고 생활하기 힘든 아이'가 아무런 지원도 받지 못한 채 그대로 어른이 된다면 어떻게 성장할까요? 짐작이 되겠지만 다양한 국면에서 사회 혼란을 일으키는 사람으로 성장할 가능성이 큽니다.

**1. 인지 능력의 취약함으로 인해 생기는 문제**

- 일을 하는 데 있어 실수가 많음
- 일을 기억하지 못함
- 일을 지속하지 못함
- 시간을 지킬 수 없음

**2. 대인관계 능력의 취약함으로 인해 생기는 문제**

- 상사나 동료의 기분을 이해하지 못함
- 발끈하는 성질이 있어서 거래처와 갈등이 생김
- 실패해도 반성하지 않음
- 감언이설에 넘어가기 쉬움
- 다른 사람의 충고를 듣지 않음
- 쓸데없이 자존감만 높음

**3. 신체 능력의 취약함으로 인해 생기는 문제**

- 세세한 작업을 하지 못함
- 물건을 만들거나 그것을 제대로 옮기지 못함

이런 사람과 직장이나 주변에서 마주치고 함께 일해야 한다면 어떨까요? 다 큰 성인임에도 불구하고 상대하기 힘들어 어려운 상황을 맞이하게 됩니다. 물론 일이나 관계에서 말이지요. 우리가 명심해야 할 점은 잘 적응하지 못하고 생활하기 힘든 아이가 아무런 지원 없이 자라면 이처럼 '상대하기 힘들고 싫은 사람'으로 성장할 가능성이 크다는 사실입니다.

### 문제 요인만 없다면 일반 사람과 별반 다르지 않다

아이가 학교에 다니는 동안은 선생님의 돌봄이 있기에 어떤 형태로든 지원을 받을 가능성이 있습니다. 하지만 학교를 졸업하면 아무도 관심을 가지지 않지요. 문제를 일으키면 질타하고 법으로 해결하려 합니다. 이에 잘 적응하지 못하고 생활하기 힘든 성인은 '왜 주위에서 지원을 해주지 않을까?'라고 생각할지 모릅니다.

하지만 그건 큰 오해입니다. 개인이 적응하지 못하는 문제에 아무도 관심 두지 않으니까요. 사회에서는 각자가 해결해야 하는 문제로 인식합니다. 문제를 숨기거나 드러내거나 참거나 자제하며 스스로 사회에 적응시켜야 하지요. 이에 '잘 적응하지 못하고 생활하기 힘듦'의 문제를 가졌다 해도 일상생활에서 일반 사람들과 별로 다른 점을 찾아볼 수 없습니다. 친구들과 쇼핑하고, 음식을 먹고, 콘서트에 가고, 운전면허도 따고, 간단한 일은 잘하고…

일상적인 생활을 하기 때문이지요. 겉으로 보아 '잘 적응하지 못하고 생활하기 힘든 사람'으로 보이는 일이 거의 없습니다.

하지만 문제의 요인이 발생하거나 자기감정이나 기분에 반하는 일이 일어나면 그 모습은 달라집니다. 예를 들어 문제가 되는 지점을 보여주거나 바꾸라고 조언하면 '이제까지 항상 이렇게 해왔다'며 이를 완강히 거절합니다. 갑자기 화를 내며 폭발하기도 합니다. 다른 사람이 친절한 마음에서 한 조언을 '무시당했다'고 느끼는 것입니다. 감정 기복이 심하고 화나 짜증을 수시로 드러냅니다. 감언이설에 속아 넘어가는 등 언제나 문제와 말썽을 일으키지요.

서투른 성인은 난처하거나 곤란한 일만 일어나지 않으면 평범하게 생활할 수 있습니다. 일반 사람과 구별되지 않아 그들이 잘 적응하지 못하고 생활하기 힘든 어려움을 가진 사람이라는 사실을 모르고 넘어가지요. 자신이 어떻게 하느냐에 따라 들키지 않고 잊힐 수 있다는 것입니다. 난처하거나 곤란한 일에 맞닥뜨렸을 때 유연하게 대응하는 능력은 '삶의 지혜'입니다.

## 격리된 후 알아차린 문제

**【사례 11】 교도소에서 처음으로**
**'잘 적응하지 못하고 생활하기 힘듦'을 알아차림**

**• 문제 상황 : 자신의 문제 상황을 인지하지 못한 경우**

Q씨는 어려서부터 공부를 못하고 친구를 사귀는 게 서툴렀습니다. 중학교를 졸업하고 바로 건설 관련 일에 종사했지만, 좀처럼 일을 배우지 못하고 다른 일을 찾아 전전하기 일쑤였습니다. 경기가 나빠져 일이 없으면 그날 먹을 것도 없었습니다. 나쁜 짓이라는 것을 알면서도 슈퍼에서 식료품을 훔치다 여러 번 경찰에 붙잡히고 말았습니다. 교도소에서 작업을 좀처럼 배우지 못해 지능검사를 받았더니 '경도 지적장애'라는 진단이 나왔습니다. Q씨는 출소 후 복지서비스를 받으며 생활하고 있습니다. '더 빨리 알아차렸더라면….'이라고 Q씨와 담당 사회복지사는 생각합니다.

### ▶경도의 지적장애와 경계선 지능은 자신도 깨닫지 못하는 경우가 있다

수감자 중에는 Q씨처럼 삶의 어려움을 겪은 사람들이 상당수 많습니다. 이런 문제는 야마모토 죠지山本譲司의 《옥창기獄窓記》에 "교도소에는 흉악범만 있는 것이 아니라 복지 지원이 필요한 수감자가 많이 있다."라고 나와 있습니다. 법무성의 교정矯正 통계표를 봐도 절반 가까이는 인지 능력에 문제가 있는 사람이라는 것을 알 수 있습니다. 미국 지적·발달 장애 협회에서 출판된《지적 장애의 정의, 분류 및 지원 체계》의 제12장에는 인지 능력이 취약한 사람에 대해 다음과 같이 말하고 있습니다.

- 일반적인 집단과 명확히 구별할 수 없음
- 많은 지원이 필요함에도 불구하고, 오히려 일반적인 수준보다 높은 능력이 요구되는 일을 맡게 되는 경우가 있음
- 실패하면 비난을 받고 모든 게 자신의 탓이라고 생각해버림
- 스스로 일반적인 보통 사람이라고 주장하지만 다른 사람과 현저히 차이가 남
- 필요한 지원을 받을 기회를 잃어버리거나 거부함
- 소득이 적고 빈곤율이 높으며 고용률이 낮음
- 운전면허증 취득이 어려움
- 영양결핍이나 비만율의 비율이 높음
- 친구 관계를 맺고 유지하기 어려워 고독해지기 쉬움
- 필요한 지원을 받지 않으면 문제 행동을 일으키기가 쉬움

이제 보이나요? 안타깝게도 '잘 적응하지 못하고 생활하기 힘듦'을 가진 아이들이 아무런 지원을 받지 못한 채 어른이 된다면 이런 결과를 낳습니다.

# 이해받지 못하는
# 아이의 상처는 깊어진다

**잘 적응하지 못하고 생활하기 힘든 아이들이 범죄자가 되기 쉽다**

서투른 아이들은 성공했던 경험이 적어 좀처럼 자신감을 갖지 못합니다. 그래서 그들의 마음은 유리알처럼 깨지기 쉽고 상처받기 쉬운 존재이지요. 보통의 아이들보다 더 소중히 지켜주지 않으면 안 되는 아이들입니다. 그러나 학교나 사회에서 제대로 파악되지 못할 뿐만 아니라 오히려 집단 따돌림으로 상처를 줍니다. 은둔형 외톨이가 되거나 마음의 병을 얻어 범죄자가 되어버리는 사례는 안타까운 지점입니다.

실제로 소년원에는 '이런 끔찍한 상황이라면 비행을 저지르지 않는 게 더 이상하다'라고 할 정도로 가혹한 상황에 처한 아이들도 많습니다. 학교에서 제대로 파악되지 못하고 방치했으며 보호자가 걱정하는 마음으로 병원을 찾아가 검사받았음에도 의사로부터 '아무 문제가 없다'라는 소견을 받은 경우입니다. 한번 '아무 문제가 없다'라는 진단을 받으면 선생님이나 부모는 그것을 믿어버립니다. 그로 인해 일반적인 아이들과 동등한 취급·평가를 받지만, 실제로는 그 아이들은 일반적인 아이들을 좀처럼 따라갈 수 없습니다. 문제를 일으키면 '뭐든지 하려는 마음이 전혀 없다, 게으르다, 약삭빠르다, 관심을 받고 싶어 한다, 부모의 애정이 부족하다'라는 잔혹한 평가만 내리지요. 부정적 감정을 키우는 악순환이 반복되는 것입니다.

소년원의 아이들도 출소 후에는 사회에서 성실하게 일하고 싶다는 마음을 가지고 있습니다. 이에 지원하는 사람이나 단체는 기대를 품고 일을 소개하고 알선합니다. 그러나 대부분 3개월을 버티지 못하고 일을 그만둡니다. 하고자 하는 마음은 있으나 모든 상황이 따라주지 않아 일을 계속하지 못합니다. 인지 능력, 대인관계 능력, 신체 능력의 취약함으로 시키는 일을 잘할 수 없고, 기억도 잘하지 못하고, 직장에서의 인간관계를 잘 맺지 못하고, 정시에 출근하지 않는 등 정해진 시스템에 적응하지 못하는 것입니다. 그 결과 고용주로부터 계속 질책을 받고 결국 일을 그만두게 되는 것입니다. 직업을 잃은 후에는 돈을 벌지 못하므로 궁핍한 생활을 면할 수 없습니다. 결국, 쉽게 돈을 손에 넣을 수 있는 절도 등의 비행을 저지르게 되지요.

### 왕따 피해가 비행으로 이어진다

**【사례 12】 왕따는 범죄의 계기**

**• 문제 상황 : 어릴 때부터 다수의 아이에게 따돌림당함**

R은 초등학교 때부터 공부도 안 하고 친구도 적었습니다. 부모로부터 제대로 된 양육도 받지 못했지요. 친구들과 자주 말썽을 일으켜 선생님께 수시로 꾸중을 들었습니다. 또 키가 작고 뚱뚱해서 놀림을 받고 왕따를 당했지요. 중학교에 들어가서도 왕따는 계속되었고 결국 R은 그 스트레스 해소를 위해 어린 여자아이를 찾아 성적인 장난을 반복하게 됩니다. 그리고 강제추행죄로 경찰에 체포됩니다. R은 소년감별소로 보내져 검사를 받은 뒤, 비로소 지적장애와 발달지연 장애가 있다는 것을 알았습니다.

#### ▶피해자가 새로운 피해자를 낳는다

저는 소년원에서 성범죄 청소년들의 재발 범죄 방지를 위한 그룹워크를 진행해왔습니다. 소년들이 저지른 내용은 어린 여자아이를 강제 성추행하는 사건이 많았습니다. 그룹 내에서 왜 성 비행을 저질렀는지 물어보았는데 처음에는 다들 '성욕이 강해서'라고 대답했습니다. 하지만 그룹워크를 진행해보니 스트레스 해소를 위해 범행을 저질렀다는 말이 나왔습니다. 그들은 왕따 피해자들이었으며 그 스트레스를 풀거나 문제를 해결할 방법을 찾지 못했던 것입니다. 잘 적응하지 못하고 생활하기 힘든 아이들이 피해자에서 가해자가 되어 또다시 새로운 피해자를 만들고 있었던 것입니다.

# 아무도 모르는
# '그레이존'의 아이들

**경도·그레이존이라는 말의 오해**

'지적장애 그레이존'이라는 단어를 들어보셨나요? 경계선 지능 장애를 이르는 말로 명확한 지적장애로 진단되지 않지만 이에 해당하는 사람들입니다. 이들은 IQ가 정상적인 수준에 못 미쳐 다양한 어려움을 겪습니다. 그레이존은 지적장애 의미의 변천에서 살펴보는 것이 가장 이해하기 쉽습니다.

이들의 지적장애는 대략 IQ 70 미만으로 사회성에 장애가 있다고 정의됩니다. 세계 인구의 약 2%가 이 지적장애에 해당합니다. 얼마 전까지만 해도 WHO(세계보건기구)에 산하 ICD(국제질병분류) 제8판(ICD-8:1965~74년)에서는 IQ 70~84까지가 '경계선급 정신지체'라고 정의했습니다. 정신 지체는 요즘 말하는 지적장애입니다. '그레이존'은 일찍이 '지적장애에 포함되어 있었던' 것입니다. 이 기준으로 본다면 세계 인구의 약 16%(일본은 약 2000만 명)에 해당하는 숫자입니다. 그러나 제9판(ICD-9:1975~84년)에서는 지적장애를 현재 기준의 IQ 70 미만으로 변경했습니다. 변경의 배경에는 지적장애 인구가 너무 많아지는 등 다양한 이유가 있었을 것으로 생각됩니다. 이후 '경계선급 정신 지체'는 현재 사용되는 '경계선 지능', 즉 '그레이존'이라고 명명되었습니다.

그레이존으로 명칭이 변경되었지만 IQ 70~84의 과거 '경도 지적장애'로 정의되었던 사람들은 여전히 존재합니다. 그들은 발전하고 변화하는 사회에서 잘 적응하지 못하고 생활하기 힘들어하고 있지요. 게다가 어릴 적부터 이 어려움을 가지고 있었지만 지원해줄 연결고리를 찾지 못하고 교육이나 훈련에 참여할 수 없었지요. 그로 인해 직업을 갖지 못하고 일을 지속하지 못하거나, '은둔형외톨이'가 되거나, 최악의 경우에는 범죄를 저지르게 되는 것입니다.

여기서 우리가 특히 명심해야 할 것은 그들이 적응하지 못하고 생활하기 힘들어 곤란해도 도와달라는 지원 요청이 불가능하다는 점입니다. 어려운 점이 있어 도움을 요청해도 변변한 지원을 받지 못한다는 것이지요.

지적장애는 그레이존까지 포함하면 장애 정도가 낮은 순서부터 경계선 지능(그레이존), 경도(IQ 55~70), 중등도(IQ 40~55), 중도(IQ 25~40), 최중도(IQ 25 미만)로 구분됩니다. 그러나 장애 정도가 가벼운 경도 지적장애나 그레이존을 중등도나 중도의 지적장애보다 지원을 덜 해줘도 된다고 오해해서는 안 됩니다. 그들이 사회에서 직면하는 어려움은 일반인보다 훨씬 강도가 세기 때문입니다. 그런데도 경도 지적장애나 그레이존은 정상인과 별반 다르지 않아 구별하기가 어렵다는 이유로 지원에서 소외되고 있습니다. 정작 본인 자신도 예사롭지 않게 생각해 지원을 거부하기도 하지요. 현재 많은 사람이 이런 이유로 지원받을 기회를 놓치고 있습니다. 그 결과, 그레이존에 있는 사람은 더욱 살기 어려운 사회 구조가 되는 것입니다.

이들은 사회에서 '상대하기 힘든 사람'이라고 공격받거나 착취를 당하는 등 여러 가지 곤란을 겪고 있습니다. 조금 다르다는 걸 알면서도 무시하고 이용하려 들지요. 우리 사회가 이들을 반사회적 인간으로 만드는 건 아닌지 고민해봐야 합니다.

【Q&A】

Q '경계선 지능'과 '발달장애'는 비슷한 점이 많은데 어떻게 다른가요?

A 지능의 문제와 발달장애는 별개의 문제입니다. 증상이 비슷한 지점도 있지만, 이 책에서 소개한 '잘 적응하지 못하고 생활하기 힘든 아이의 특징(감정의 컨트롤이 서투름, 대인관계가 서투름, 부주의 등)'은 중도, 중등도 지적장애에 모두 해당합니다.

지적장애는 전반적인 인지 기능 저하(모든 인지 기능 영역에서 마이너스)가 인정됩니다. 그리고 발달장애에서는 인지 기능에 있어 플러스 요소나 정상적인 부분이 있지만 마이너스 요소도 군데군데 보입니다(단, 지적장애와 발달장애는 동시에 나타날 수도 있으므로 주의해야 합니다). 지적장애를 치료·지원하는 프로그램은 발달장애도 커버하고 있습니다. 인지 기능 트레이닝은 중등도 지적장애 이상을 대상으로 만들어졌습니다. 더불어 발달장애 치료·지원도 가능합니다.

## PART 3 핵심 요약

☑ 서투른 아이가 적절한 지원을 받지 못한 채 어른이 되면, 사회생활이 곤란해져 범죄 등으로 치달을 가능성이 크다.

☑ IQ 70~84까지의 사람은 '그레이존(경계선 지능)'이라고 정의된다. 이전까지는 '경도 지적장애'라고 인식되었다.

☑ '그레이존'은 세계 인구의 약 16%가 해당한다. 한 반이 30명이라면 그중 5명은 그레이존인 것이다.

☑ '그레이존'의 사람은 잘 적응하지 못하고 생활하기 힘든 경우가 많음에도 불구하고 치료·지원으로 이어지는 경우가 매우 드물다.

PART 4

# 서투른 아이를 위한 2가지 선물

## 적응을 잘 하지 못해 매사 힘들어하는 아이

잘 적응하지 못하고 생활하기 힘든 아이가 제대로 된 지원을 받지 못하면 어떻게 될까요? 적응하지 못하고 생활하기 힘든 아이들이 만약 아무런 지원도 받지 못한다면 어떤 어른이 되는지를 알아보겠습니다.

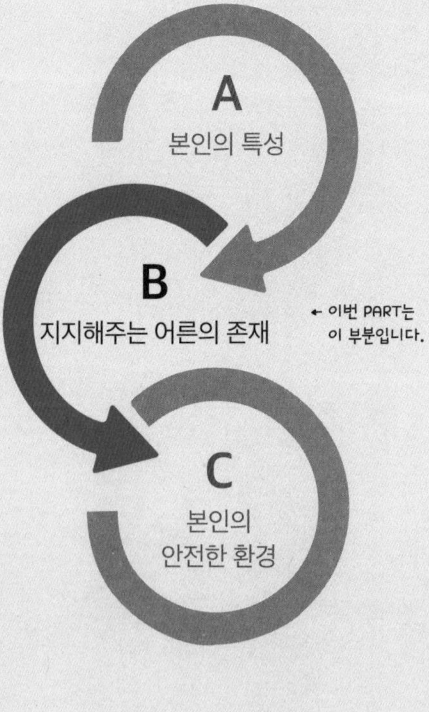

## Check List

자신의 아이(혹은 신경이 쓰이는 아이)가 어떤 사람으로 자라길 원하나요? 해당하는 항목에 체크해보세요.

□ 자기 일은 스스로 할 수 있는 아이가 됐으면 좋겠다.

□ 사람들과 좋은 관계를 유지하면 좋겠다.

□ 스스로 일하고 생활할 수 있으면 좋겠다.

□ 배려심이 많은 사람이 되었으면 좋겠다.

□ 사람들과 서로 협력하고 도와가면서 살아가면 좋겠다.

□ 자신이 좋아하는 일을 마음 편하게 불편 없이 했으면 좋겠다.

□ 타인에게 도움이 필요할 때 도와주는 사람이면 좋겠다.

□ 매일매일 즐기며 살아갔으면 좋겠다.

□ 소중한 파트너를 만나 따뜻한 가정을 꾸렸으면 좋겠다.

□ 보람을 느끼고 좋아하는 일을 찾았으면 좋겠다.

□ 안정적인 생활을 하면 좋겠다.

□ 친구를 소중히 여기는 사람이 되면 좋겠다.

□ 자신감을 가졌으면 좋겠다.

□ 자신은 물론이고 다른 사람도 소중히 대하는 사람이 되면 좋겠다.

□ 다른 사람으로부터 신뢰받는 사람이 되면 좋겠다.

# 서투른 아이를 위한 '인지 기능 트레이닝'

**좌절에도 굴하지 않고 개발된 인지 기능 트레이닝**

현장에서 아이들을 만나보면 자신에 대해 자신 없는 아이들이 많습니다. 무엇을 하려다가도 금방 포기해버리는 아이들이 대부분입니다. '어차피 해봐야 소용없을 거야'라는 자신에 대한 불신으로 어떤 과제도 수행하려 들지 않습니다. 아예 시도조차 하지 않는 아이도 있지요. '잘 적응하지 못하고 생활하기 힘든 아이의 3가지 특징(PART 2)'을 지니고 있어 공부와 대인관계에서 번번이 좌절을 경험했기 때문입니다. 삶의 의욕을 완전히 잃은 아이들입니다.

그들이 조금이라도 자신감을 가질 수 있도록 인지 기능을 높이는 트레이닝 방법을 개발했습니다. 이것이 PART 5에서 자세히 설명하는 '인지 기능 트레이닝'입니다. 이 인지 기능 트레이닝으로 글들의 인지 기능은 크게 개선되었지요. 그러나 여정은 그리 쉽지 않았습니다.

처음 인지 기능 트레이닝을 시도했을 때 아이들은 이구동성으로 "해봤자 아무 소용없어요.", "똑똑해져봤자 뭐가 얼마나 달라지겠어요?", "하기 싫어요."라고 말하면서 부정적인 반응을 보였습니다. 아이들이 보이는 시큰둥한 반응과 마지못해 임하는 소극적 태도로 포기하고 싶을 때도 많았습니다. 그럼에도 포기하지 않았던 까닭은 인지 기능 트레이닝에 대한 확신 때문이었습니다.

몇 주간 반복된 트레이닝에 드디어 변화의 조짐이 보였습니다. 그날 저는 불평하던 아이에게 저 대신 앞에서 문제를 내고 가르치는 역할을 해보라고 했습니다. 저는 그 아이 자리에 앉아 '네가 언제나 잘난 듯 불평을 쏟아냈지만 막상 앞에 서면 아무것도 할 수 없을 거야.'라고 생각하고 있었지요. 그리고 상황을 지켜보았습니다. 그런데 놀라운 일이 벌어졌습니다. 그 아이는 이제까지 태도와 다르게 기쁜 얼굴로 앞에서 문제를 똑똑하게 읽어 나가기 시작했습니다. 심지어 다른 소년에게 문제의 답을 맞추도록 유도했지요. 문제를 맞힌 아이도 평소와 다르게 진지하게 대답했습니다.

그 후에도 놀라운 일은 계속되었습니다. 선생님 역할로 앞에 선 아이가 아무렇게나 대충 문제를 내면 “다음은 제가 해볼게요!”, “저도 가르쳐볼래요!”라고 말하며 서로 앞다투어 나섰습니다. 아이들이 스스로 즐겁고 진지하게 인지 기능 트레이닝에 참여했지요. 끝날 시간이 되자 “어, 벌써 끝났어요? 좀 더 하면 안 될까요?”라는 반응을 보였습니다.

아이들이 활기차게 참여하게 된 이유는 무엇일까요?

이 아이들은 이제까지 “이런 것도 몰라?”, “넌 할 줄 아는 게 뭐니?”라는 말을 수백 번 넘게 계속 들어왔습니다. 이에 ‘나도 가르쳐보고 싶다’, ‘남들에게 존경을 받고 싶다’, ‘문제를 맞히고 싶다’라는 강렬한 욕구가 생겼던 것입니다. 또한 인지 기능 트레이닝 외의 다양한 분야에도 흥미를 갖기 시작했습니다. 공부하기 싫어서 바로 직업을 찾아 일할 거라던 아이들이 “공부를 더 해보고 싶다. 고등학교에 가고 싶다.”, “대학에서 전문적인 공부를 하고 싶다.”라고 말하기 시작했습니다.

이를 통해 저는 이 아이들이 그동안 보인 ‘할 의욕이 없음’은 성격도 나태함도 아닌 지원과 지지, 교육과 관심이 부족했기 때문이라는 결론을 얻었습니다.

아이들의 적성을 알아채고 그에 맞는 기회를 만들어주는 것. 이것이야말로 아이가 '무언가에 도전해보고 싶다.'라는 마음을 끌어내는 것이지요. 아이의 의욕이나 도전하려는 마음은 가르치는 측(지원자)의 의욕과도 연결되어 있게 됩니다. 이것은 '반주자伴走者'라는 내용으로 뒤에서 자세히 설명하겠습니다. 반주자는 마라톤에서 함께 달려주는 사람으로 인생을 함께 달리며 아이에게 응원과 격려를 보내는 사람을 말합니다.

**아이가 자라는 데 필요한 어른의 몫이 있다**

서투른 아이가 받아야 할 교육을 받지 못하면 실패와 좌절을 경험하고 꿈을 잃어버립니다. 자신이 꿈꾸어봤자 의미 없다는 사실을 일찍 알아버리는 것이지요. 스스로 포기하고 자신에게 실망하지 않기 위해 타인에게 공격적인 성향으로 바뀌는 것입니다. 이런 아이들을 지원하기 위해서는 아이의 의지가 무엇에 있으며 그가 꿈꾸는 삶은 무엇인지 알아야 합니다.

[그림 4-1]은 8명의 아이가 말한 '바뀌려고 생각하게 된 계기'를 나타낸 것입니다. 아이들의 목소리 중 밑줄로 표시한 부분은 잘 적응하지 못하고 생활하기 힘든 아이에게 어른이 해줄 수 있는 것 중 어느 부분에 해당하는지 화살표로 나타내고 있습니다.

**1. 가족의 고마움, 괴로움을 알게 되었을 때**

어떤 몹쓸 짓을 해도 자신을 버리지 않았다. 매달 면회 오는 가족이나, 큰 액수의 피해 변상을 아무 말 없이 처리해주는 부모님을 보면서 다시는 폐를 끼치고 싶지 않다.

→안심의 토대가 필요함

**2. 공부하는 방법을 알게 되었을 때**

글자를 전혀 읽지 못했는데 여기에 와서 시험을 보고 인정받았다. 신문을 읽을 수 있게 되었다. 더 공부해보고 싶다.

→도전하고 싶음

**3. 신뢰할 수 있는 사람을 만났을 때**

선생님은 엄격하지만 이야기를 잘 들어주신다. 나를 진정으로 대해주고 지금 나에게 필요한 조언을 해준다.

→꾸준히 지원해주면 좋음

**4. 중요한 역할을 맡았을 때**

선생님에게는 언제나 꾸중을 들었었다. 선생님이 나를 싫어한다고 생각했지만, 어려운 업무 담당을 맡고 나서 내가 신뢰받고 있다는 것을 깨달았다. 선생님을 배신하고 싶지 않다.

→지지해주면 좋음

**5. 어떤 일에 집중할 수 있게 되었을 때**

학교에서는 전혀 집중되지 않아 공부할 의욕이 생기지 않았다. 그건 병이라는 말을 많이 들었다. 하지만 지금은 집중할 수 있어 공부가 즐거워졌다.

→도전해보고 싶음

**6. 사람들과 이야기할 수 있다는 자신이 생겼을 때**

사람들과 이야기하는 것이 서툴렀지만 이제는 사람에게 부탁하고 감사의 말도 전한다. 사과하며 이해받는 기분을 알기에 말하는 것에 자신이 생겼다.

→도전해보고 싶음

**7. 장래의 목표가 정해졌을 때**

지금까지 무엇을 해도 제대로 할 수 없었다. 하지만 이제 장래에 하고 싶은 일이 생겼다.

자격증을 따서 열심히 노력할 것이다.

→도전해보고 싶음

**8. 끝까지 포기하지 않고**

무엇인가 해보려고 했지만 항상 중간에 포기했었다. 끝까지 해본 적이 없었는데 선생님께서 중간에 포기하면 안 된다고 하셔서 끝까지 했더니 해낼 수 있었다. 자신감이 생겼다.

→반주(같이 지원·서포트)해주면 좋음

[그림 4-1] 잘 적응하지 못하고 생활하기 힘들었던 아이들이 변해야겠다고 생각한 계기

한 명 한 명의 아이에게는 필수적으로 '의지할 중요한 어른(양육자와 같은 존재)'이 필요합니다. 선생님을 비롯한 가족과의 관계에서 그들은 안정감(안심의 토대)을 얻습니다. 문제아로 보지 않고 자신에게 다가와 주는 어른의 존재(반주자)를 얻으면 아이들은 처음으로 '새로운 자신이 되고 싶다', '새로운 것에 도전해보고 싶

다'라는 의욕을 드러냅니다. 자기의 편이 있다는 사실이 아이들에게 에너지를 주는 것이지요. 이 바탕에는 그동안 아이들이 원하고 있음에도 드러내지 못하고 숨겨두었던 다음 세 가지 욕구가 있습니다.

- 안심할 수 있는 토대가 필요
- 반주자가 필요
- 도전해보고 싶음

**아이 마음의 소리에 귀를 기울이자**

아이들이 변화를 시도하는 계기는 앞에서 언급한 두 가지입니다.

- 안심하고 의지할 수 있는 어른의 존재(안심할 수 있는 토대의 존재)
- 자신의 힘을 발휘할 수 있는 환경(반주자의 존재)

이제부터 어른이 할 수 있는 '안심의 토대'와 '반주자의 역할'을 설명하겠습니다. 나머지 하나인 '도전'에 대해서는 PART 5에서 소개할 것입니다.

아이들의 변화에 '다른 요인이나 있거나 환경이 달라졌기 때문 아닌가?'라고 생각하는 이들이 있습니다. 사람이 변화하는 데는 여러 가지 요소가 작용할 수 있으니 무조건 아니라고 말할 수는 없지요. 하지만 작은 자극이나 환경의 변화만으로 내면의 변화가 일어나지 않습니다. 며칠 변한 모습을 보이는 것은 가능할지 모르지만 완벽하게 자신을 탈바꿈하기는 어렵지요. 여기에는 아이가 스스로 변해 갈 필요성을 느끼고 변화하려는 자기 의지가 중요합니다.

도와주고 지원해주고 싶지만 적응에 어려움을 겪고 가까스로 생활하는 아이의 행동에서 '마음의 소리'를 읽는 것은 매우 어렵습니다. 그렇기에 먼저 마음의 소리(신호)를 읽는 방법에 대해 살펴보도록 하겠습니다.

# 어려움에 처한 아이에게 필요한 두 가지를 기억하자

### 안심을 줄 수 있는 어른의 존재

이제부터는 아이들이 느끼는 안심의 토대가 무엇인지 살펴보겠습니다. 더불어 안심의 토대가 되는 방법도 알아보겠습니다.

토대의 기본은 '아이가 정말 어려울 때 언제든지 도와줄 수 있는 존재'를 의미합니다. 이를 단순히 여겨 '그거라면 쉽지'라고 호언장담할 수 있습니다. 하지만 어른과 아이의 입장은 달라서 자신 있게 안심의 토대가 되고 있다고 장담하더라도 아이가 받아들이기에 그렇지 않은 경우가 비일비재합니다.

아이를 '전기자동차'에 비유해보겠습니다. 전기자동차는 [그림

4-2]처럼 전기를 충전하는 충전기가 필요합니다. 전기가 떨어지기 전에 충전해야만 하고 장거리를 가기 전에는 꼭 충전되어 있어야 안심하고 갈 수 있습니다. 이 충전기가 아이의 양육자 또는 지원자 역할입니다. 그러나 확실한 충전기 역할을 하고 있다고 생각해도 아이가 쉽게 적응하지 못하고 생활하기 힘들어한다면 그 충전기를 제대로 잘 활용하지 못하고 혼자 전전긍긍하게 됩니다.

어른의 시점에서가 아니라 아이의 시점에서 봤을 때, 안심할 수 있는 충전기라고 느끼는 지점은 자신의 적응을 도와주고 생활하기 쉽게 이끌어 준다고 느낄 때입니다. 아무리 성능 좋은 충전기라도 다음과 같은 상황에서는 무용지물이 됩니다.

- 어디에 있는지 모른다.
- 다른 전압으로 충전될지도 모른다.
- 때로는 충전을 거절당할지도 모른다.
- 다른 누군가가 사용하고 있을지도 모른다.
- 도중에 망가질지도 모른다.

아이가 불안을 느끼는 충전기라면 절대로 안심의 토대가 될 수 없습니다.

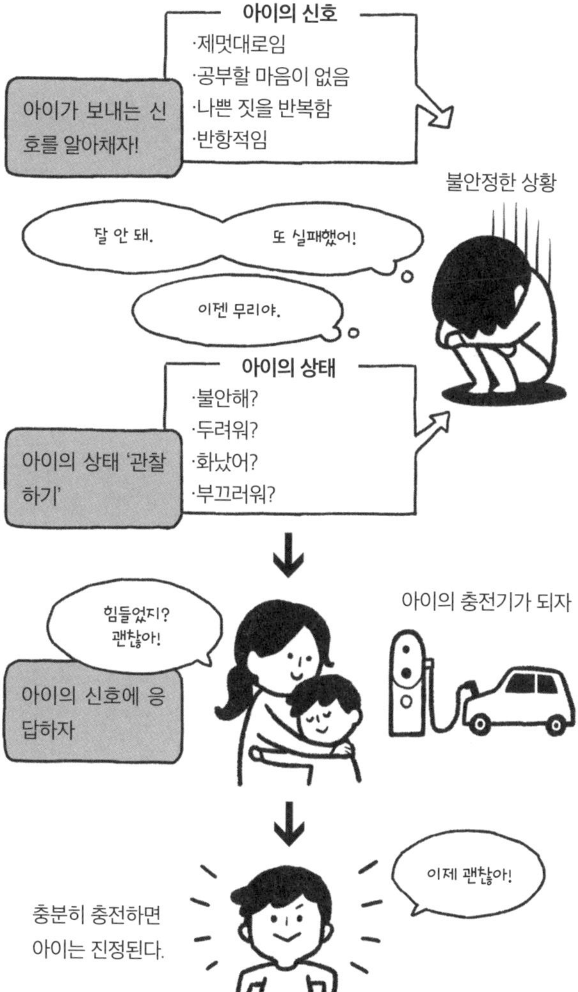


[그림 4-2] 아이가 언제나 충전기라고 생각하는 존재가 되자.

그렇다면 진정한 '안심의 토대'란 도대체 무엇일까요?

### 불안해할 때 '곁에 있어 주는 존재'가 중요

원래 인간은 위기상황이나 불안을 느낄 때, 특정 존재에게 의지하며 안심하려는 본능이 있다고 합니다. 갓난아기가 울음으로 엄마를 부르는 경우를 떠올리면 이해가 쉽습니다. 부모는 아기를 안으며 "응, 그래, 그래."라고 말하며 진정시킵니다. 엄마의 냄새, 소리, 따뜻한 온기가 아기를 안심시키는 것입니다.

아이가 달리다가 넘어졌을 때도 마찬가지입니다. 아이는 울면서 어른(부모나 유치원·보육원의 선생님)에게 달려갑니다. 이같이 불안할 때는 언제나 다가갈 수 있는 대상이 '안심의 토대'가 되지요. 물론 성장하면 정신적인 다가감으로도 안정감을 얻을 수 있습니다. '다가갈 대상'이 바뀔 뿐이지 안심의 토대 역할은 그대로이지요. 심리학에서는 안심의 토대로부터 안정감을 얻으려고 한다고 말합니다.

앞에서 살펴본 바와 같이 잘 적응하지 못하고 생활하기 힘든 아이는 항상 자신감이 없고 불안정한 상태입니다. 위기상황이나 불안함을 느끼는 강도가 일반적인 아이들보다 훨씬 높습니다. 안정감을 얻으려는 마음이 남달리 강하다고 할 수 있지요. 누군가

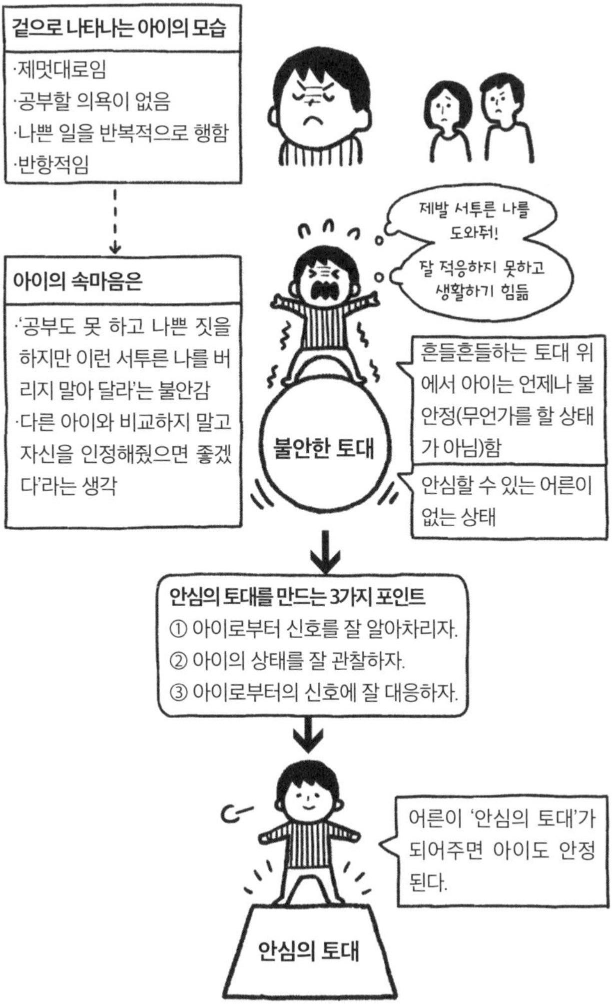


[그림 4-3] 잘 적응하지 못하고 생활하기 힘든 아이의 안심 토대가 되어주자.

에게 의지하며 '괜찮아'라는 말을 듣고 싶을 것입니다.

이럴 때 어른은 아이의 불안이나 불편함을 눈치채고 아이가 의지할 수 있는 존재가 되어야 합니다. '불안정한 토대'는 [그림 4-3]의 상단과 같은 상태입니다. 토대가 불안정할 경우, 아이는 더욱 불안정한 상태가 되어갑니다. 그러므로 견고하고 안정적인 토대를 만들기 위한 다음 '3가지 포인트'를 기억해야겠습니다.

① 아이로부터의 신호를 잘 알아차리자.
② 아이의 상태를 잘 관찰하자.
③ 아이로부터의 신호에 잘 대응하자.

**① 아이가 보내는 신호를 잘 알아차리자**

아이의 신경 쓰이는 여러 행동을 '불안의 신호'라고 알아채야 합니다. 아이들은 '안심'하기 위해 수백 번, 수천 번, 수만 번 넘게 어른에게 '불안'을 알리는 신호를 보냅니다. 부모나 양육자의 반응에 안정감을 얻게 되지요. 물론 [4-3] 하단의 상태처럼 아이는 혼자서도 안정되어 가기도 갑니다.

어른의 첫 번째 역할은 아이가 어떤 때에 어떤 신호를 보내는지 알아차리는 것입니다. 그 신호를 깨닫고 아이에게 말을 건네는 것만으로도 아이는 진정되고 마음이 충족됩니다. '난 혼자가 아니다'라고 느끼며 고립감이나 피해감도 줄어듭니다.

하지만 청소년기에 이르면 어렵고 힘들 때 영아나 유아처럼 울고 호소하거나 부모나 어른을 찾아 의지하려 하지 않습니다. 일부러 부적절한 행동(반항적인 태도나 거짓말 등)을 취해서 어른과 어떻게든 얽히려고 하거나 관심을 끌어내려 합니다. 또는 자기 방에 틀어박혀 자신의 모습을 아무에게도 보이려 하지 않기도 하지요. 사람을 경계하고 멀리하고 있는 것처럼 보일 수도 있습니다. 이런 경우 이유가 무엇이든 아이는 '괜찮은 상태'가 아닙니다.

만약, 다음 같은 징후를 보인다면 아이가 '불안을 호소하는 신호'입니다.

- 아침부터 우물쭈물하다가 기분이 나빠져 마구 화를 낸다.
- 방과 후 집에 돌아와 무뚝뚝하게 자기 방으로 들어가버린다.
- 매사에 의욕이 없다.
- 식욕은 있는데 뭘 먹지는 않고 자꾸 배가 아프다는 엉뚱한 소리를 한다.
- 동생들을 괴롭히고 부모님에게 반항적인 태도를 취한다.
- 부모에게서 떨어지려 하지 않는다. 텔레비전을 보고 있으면 곁에 딱 붙어 앉는다.

아이에게 이런 징후가 있는지 살피는 것이 어른 역할의 첫걸음입니다. 이제부터는 이런 신호를 알아채기 위해 아이를 주의 깊게 살펴보세요.

### ② 아이의 상태를 잘 관찰하자

다음은 아이의 '상태'와 '마음'을 관찰하는 방법입니다.

- 하는 일이 언제나 잘 풀리지 않아 자신에게 실망하고 있음
- '또 실패했다', '되는 일이 없다'와 같은 말을 자주함
- 어떤 일에 돌파구를 찾지 못하고 가로막혀 있는 것 같음
- 자신의 감정을 억제하지 못하는 것 같음

아이의 상태를 관찰하고 그 행동이나 말의 원인이 불안감 때문인지, 두려움이 생긴 건지, 화를 내는지, 부끄러운지를 알아야 합니다. 그래야만 적절한 대응을 해줄 수 있으며 현재 아이의 기분을 상상할 수 있습니다.

### ③ 아이로부터의 신호에 잘 대응하자

아이의 상태나 마음을 알게 된다면 다양한 방법으로 아이의 신호에 대답해주세요.

- '진짜 화가 났겠다', '슬펐지?', '억울했지?', '충격이었지?'라는 말로 아이 마음의 소리를 대변해준다.
- '괜찮아', '언제나 네 옆에 있어'라는 위로의 말을 건네며 아이의 마음을 안정시킨다.
- 아이의 말을 끝까지 주의를 기울여 잘 들어준다.
- 아이가 진정될 때까지 기다려준다.
- 아이의 이야기를 중간에 끊지 않고 끝까지 들어준다.
- 오로지 아이 편을 들어준다.

위의 방법은 앞에서 언급한 '충전기의 역할'과 같습니다. 발달단계나 성별에 따라 다소 차이가 나겠지만 이런 대응이 반복됨으로 아이에게는 '안심의 토대'가 마련됩니다.

**▶아이들이 제힘을 발휘할 수 있는 '반주자'의 존재**

안심할 수 있는 토대가 된 것만으로는 어른의 역할이 부족합니다. 안심의 토대뿐만 아니라 반주자의 역할 또한 필요합니다. '반주자'는 단지 아이를 곁에서 보고 있는 것만으로 되는 것이 아닙니다. 아이가 자기 힘을 발휘(도전)할 환경을 만들어줘야 합니다.

'아이들의 도전'은 학교 가기, 공부하기, 친구와 놀기, 동아리

활동 등 다양합니다. 아이는 도전할 때 다음과 같은 마음을 가지고 있습니다.

- 가보고 싶은 곳이 있는데 처음으로 가는 곳이어서 불안해. 따라와 줬으면 좋겠어.
- 혼자서는 할 수 없으니까 도와줬으면 좋겠어.
- 내가 혼자 할 수 있을 때까지 도와줬으면 좋겠어.

이러한 마음은 어른도 가지고 있는 욕구입니다. 가보고 싶은 가게가 있는데, 혼자 가기 어색하니 함께 가주었으면 좋겠다고 말하는 것과 같은 이치입니다. 어른도 이럴진대 경험이 부족한 아이는 더 하겠지요.

아이가 혼자서 도전하는 일에는 어른보다 더 큰 어려움을 동반합니다. 불안도 상상 이상일 것입니다. 그로 인해 아이는 '자신을 지켜봐주었으면 좋겠다'라는 강한 욕구를 지니고 있습니다. 이때 자기 속마음을 잘 표현하지 못하는 아이는 항적이라고 느낄 수 있는 신호를 보냅니다. 공부를 전혀 하지 않거나 바로 포기하지요. 집중력이 떨어지고 자기 마음대로 행동하는 경향을 보입니다. 하고 싶은 말만 하는 언행이 자주 보인다면 아이의 상태를 주의 깊게 살펴보세요. 아이 마음의 소리를 들어야 합니다.

- 아무리 힘내라고 해봤자 무리야.
- 어떻게 하라고 지시를 받으면 더 혼란스러워져.
- 나의 페이스를 더 알아줬으면 좋겠어.
- 남들과 비교하지 말고 있는 그대로의 나를 더 봐줬으면 좋겠어.

아이는 자신에게 닥친 눈앞의 상황에서 어떻게 하면 좋을지 모르는 것입니다. 단순히 위로한다고 아이들이 더 노력하지 않습니다. 아이가 무엇 때문에 고민하고 어떤 일에 불안함을 느끼는지 파악하는 것이 중요합니다. 예를 들면 수학 문제 풀이를 못 하는 아이에게는 단지 연산연습만 시켜서는 안 됩니다. 문제의 상황에서 다음과 같이 생각해보세요.

- 그 애에게 지금 진짜 필요한 것은 무엇일까?
- 아이가 잘하는 것과 못 하는 것은 무엇일까?
- 아이가 좋아하는 것과 싫어하는 것은 무엇일까?
- 어떤 식으로 말을 걸어주는 것을 좋아할까?
- 싫어하는 말은 무엇일까?

어떻게 해주면 아이가 자신의 능력을 발휘할 수 있을까 고민해야 합니다. 성장하는 아이에게는 도전할 기회를 의식적으로 만

**[그림 4-4] 아이를 도전하게 만드는 '반주자'의 존재**

들어줘야 합니다. 여기에 더해 [그림 4-4]처럼 "언제나 보고 있을게!", "언제든 도와줄게!"라고 지지해주면 아이는 '마음의 스위치'가 작동하기 시작합니다.

이를 반복하면 [그림 4-5]처럼 아이가 반주자에게 신뢰가 생기고 자신을 지지하고 있다고 확신합니다. 이에 새로운 일에 도전할 동력을 얻습니다.

이로 인해 아이는 [그림 4-6]처럼 자신 또한 다음 세대를 지지해줄 안심의 토대와 반주자로 성장하게 됩니다. 이 자각이 아이에게 꿈을 주지요.

### 보호자는 언제나 불안하다

이상적인 '안심의 토대'나 '반주자'가 되기란 쉽지 않습니다. 사실 어른들도 심적으로 안심할 수 있는 토대나 반주자가 있으면 하는 바람이 있지요. '아이 문제에 대해 누군가에게 상담하고 싶다', '부부간에 진정으로 이야기해보고 싶다', '믿을 수 있는 친구나 또는 선생님과 이야기하고 싶다' 등과 같은 마음입니다. 현명한 지혜를 구하고 누구에게인가 고민을 털어놓고 싶은 심정이 있으니까요. 보호자나 양육자는 언제나 고민합니다.

**죄책감** : '내 탓인가?', '더 노력해야지', '내 애정이 부족한 탓인가?'

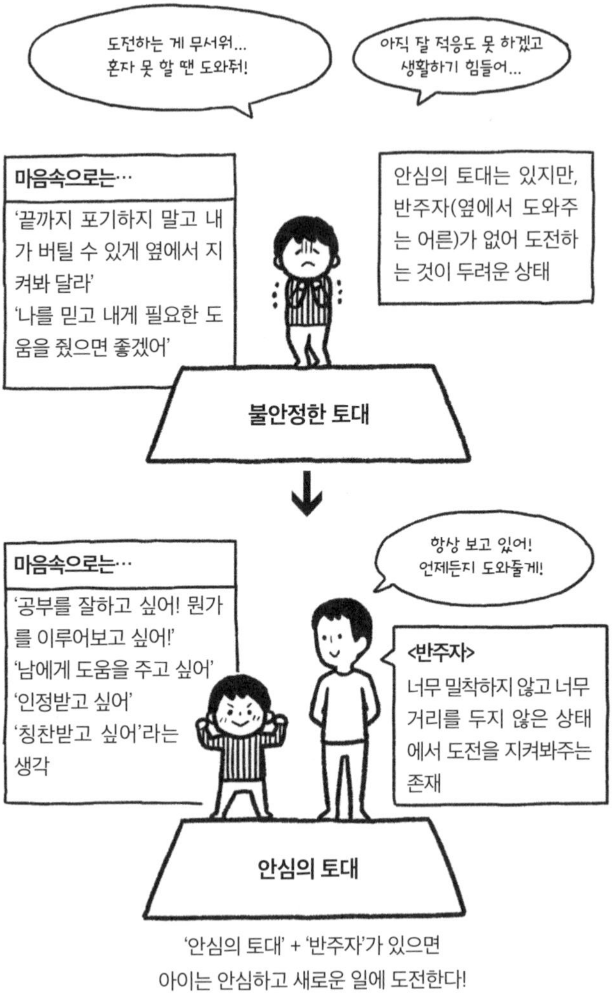


**[그림 4-5]잘 적응하지 못하고 생활하기 힘든 아이의 반주자가 되다**

[그림 4-6] 잘 적응하지 못하고 생활하기 힘들었던 아이가
다음 세대를 지탱해줄 '안심의 토대'와 '반주자'가 되기까지

**초조함** : '왜 우리 애만 못 하는 것일까?', '다른 애들은 다 잘하는데…'

**불안함** : '내가 이 애를 잘 키울 수 있을까?'

**두려움** : '우리 애가 잘못돼서 범죄자가 되면 어떡하지?'

**분노** : '아무도 몰라준다. 이 애가 얼마나 키우기 힘든 아이인지'

의연하게 대처하려 하지만 예기치 않은 상황에는 보호자도 [그림 4-7]처럼 자신이 없습니다. 불안한 마음이 먼저 들고 보호자 또한 이런 상황에 잘 적응하지 못해 힘든 것입니다. 이 상황이 되면 다음의 3가지 행동 중의 하나를 취합니다.

① **다퉈버림** : 아이에게 지지 않으려고 평소보다 더 강하게 꾸짖는다. 문제의 원인을 남의 탓으로 돌린다(아이(너)가 이렇게 된 것도 OO 때문이다 등).

② **못 본 척해버림** : 아이가 한 일을 눈치채지 못한 척하면서 다른 일에 몰두한다.

③ **생각하기가 싫음** : 아이가 하자는 대로 다 해버린다. 응석을 받아준다.

가장 흔히 일어나는 패턴은 ①의 상황입니다. '아이가 나를 바보 취급하는 것처럼 느껴졌다.', '화가 나서 나도 모르게 감정적으로 대응해.버렸다.' 등 부모라면 누구나 경험해본 일입니다. 이

**[그림 4-7] 보호자도 자신이 없어서 불안함**

럴 때는 어떻게 하면 좋을까요? 사실 특별한 특효약이 있지는 않습니다. 우선은 현재 내가 ①~③ 중 하나의 상태임을 알아차리는 것이 중요합니다. 그리고 아이의 문제와 대응방식을 고민하고 개선하기 위해 노력해야 합니다.

부모의 생각과 다른 방향으로 나가는 아이를 보살피는 일은 결코 쉬운 일이 아닙니다. 훈육도 좀처럼 성과를 내지 못하지요. 그럴 때는 "아, 나도 너무 난감하고 힘들다. 하지만 이렇게 힘든 상황에서도 아이에게 안심의 토대와 반주자가 되어주고 싶다!"라고 입 밖으로 꺼내어 말해보세요.

아이가 상황에 적응하지 못하고 원만한 관계를 유지하지 못하는 특성은 부모 탓이 아닙니다. 문제를 너무 어렵게 볼 필요는 없습니다. 물론 자녀와 적응 잘하고 즐겁게 생활하는 아이들이 좋게 보입니다. 손이 많이 가는 자녀 때문에 초조와 분노, 질투를 느끼는 것도 당연합니다. 그러나 아이를 키우는 부모라면 누구나 한 가지 이상의 고충은 있습니다.

다시 문제로 들어가 볼까요? 잘 적응하지 못하고 힘들어하는 아이 입장에서 '자기를 지지하고 보살펴주는' 보호자는 어떤 모습일까요?

- 하루 내내 곁에 있어 주는 사람?
- '사랑해'라고 몇 번이나 반복해서 말해주는 사람?
- 어떤 소원이든지 다 들어주는 사람?

아닙니다. 아이들이 원하는 보호자는 이런 사람들이 절대 아닙니다. 아이들이 정말로 원하는 보호자는 어려움을 이겨낼 수 있도록 자신을 지원해주는 '안심의 토대'와 무언가에 도전해보고 싶을 때 옆에서 지켜봐주는 '반주자'의 존재입니다. 보호자는 자녀에게 안심의 토대와 반주자의 역할을 선물해야 합니다.

이 선물로 보호자가 확실하게 믿음을 주면 아이는 무언가에 스스로 도전하는 아이로 바뀝니다. 몇 가지의 작업을 해보면서 차근차근 자녀와의 이 관계를 정리해보겠습니다.

**'안심의 토대'와 '반주자'가 되기 위한 조건**

지금부터 107페이지의 체크리스트에 체크한 항목을 되살려보기 바랍니다.

★ 체크한 항목처럼 되기를 원하는 이유는 무엇인가요?

**【안심의 토대 훈련】**

★ 현재 아이는 어떤 모습일까요? → 알아채기

(예 : 아침부터 늦장을 부림, 언짢아함, 금방 화를 냄, 동생을 괴롭힘, 갑자기 옆에 계속 붙어 있음 등)

★ 아이는 무엇을 곤란해하고 있나요? → 관찰하기

(예 : 뭐든지 하는 일이 잘 안됨, 또 실패해버림, 감정을 억제할 수 없음 등)

★ '곤란한 일'은 언제, 어디에서, 어떤 장면에서, 누구로 인해 일어납니까?

→ 관찰하기

(예 : 방과 후에 공원에서 친구와 다툼 등)

★ '곤란한 일'은 언제, 어디에서, 어떤 장면에서, 누구로 인해 일어납니까?

→ 관찰하기

(예 : 방과 후에 공원에서 친구와 다툼 등)

★ 자녀는 '잘 적응하지 못하고 생활하기 힘든 아이의 3가지 특징'에 해당하는 항목이 있나요? 있다면 체크해보세요. → 관찰하기

□ **인지 능력의 취약함**(학습면_인지 기능의 문제)

보거나 듣거나 상상하는 것이 서투름, 교육을 받는 토대가 약함, 공부를 잘 하지 못함

□ **대인관계 능력의 취약함**(대인관계)

사람의 기분을 모름(감정의 문제), 금방 화를 냄(감정의 문제), 자신의 문제

점을 모름(자기 평가의 문제), 대화에 서툴고 사람과 어울리지 못함(회화능력의 문제), 융통성이 없음(유연함의 문제), 예상 외의 일에 잘 대처하지 못함(유연함의 문제)

□ **신체 능력의 취약함**(신체면_신체를 쓰는 방법의 문제)

운동신경이 둔함, 손재주가 없음, 따라 하는 일도 어설픔

★ 자녀는 곤란한 상황일 때 어떤 기분일까요? → 관찰하기

(예 : 불안을 느끼고 있음, 무서워하고 있음, 화를 내고 있음, 부끄러워함 등)

★ 아이가 곤란한 상황을 이야기할 때 어떤 말을 건네야 할까요? → 대응하기

(예 : '화나지?', '슬펐겠네', '속상했지?', '괜찮아.' 등)

★ 자녀의 이야기를 어떤 식으로 들어줘야 할까요? → 대응하기

(예 : 중간에 끼어들지 않고 아이의 말을 끝까지 들어줌 등)

**【반주자 훈련】**

★ 현재 아이는 무엇에 도전하고 있습니까?

(예 : 한자 외우기, 문제 계산, 친구들과 사이좋게 지내기, 줄넘기, 25m 수영 등)

★ 자녀는 무엇이 잘 되지 않는다고 말하나요?

★ 아이의 특징을 알아주는 어른은 있나요?

★ 자녀에게 어떤 지원이 필요하다고 생각하나요?

★ 자녀에게 어떤 말을 건네고 싶으신가요?

아이는 안심의 토대가 없으면 위험한 사람, 좋지 않은 권유나 나쁜 일에 빠져 '임시방편의 안심'을 얻으려고 합니다. 또한, 아이가 무언가에 도전하려고 한다면 그것을 지켜봐줄 '반주자'가 필요합니다. "계속 지켜보고 있을게.", "필요할 때 언제든지 도와줄게."라고 말을 건네야 합니다. 이렇게 말하는 일에 지치지 마세요. 흘러버리는 말일지라고 그 효력은 위대하게 나타납니다.

마지막으로 '안심의 토대'와 '반주자'가 되기 위한 주의점을 알아보겠습니다.

- 양육자이자 보호자인 어른도 '안심의 토대'를 마련해야 한다.
- '반주자'는 아이와 너무 가깝지도 멀지도 않는 거리감을 유지해야 한다.

## PART 4 핵심 요약

- ☑ 청소년이 '변하는 계기'를 아는 것은 잘 적응하지 못하고 생활하기 힘든 아이를 돕는 데 정보가 된다.
- ☑ 잘 적응하지 못하고 생활하기 힘든 아이에게 어른이 해줄 수 있는 가장 중요한 것은 '안심의 토대'가 되는 것과 '반주자'의 존재가 되는 것이다.
- ☑ 안심의 토대와 반주자를 얻은 아이는 어렵고 새로운 일에도 도전한다.

PART 5

# 인지 기능 트레이닝 _실전편

## 인지 기능 트레이닝 START

현재 아이가 생활하고 있는 실제 환경 속 인지 기능 트레이닝을 실천해보는 PART입니다.

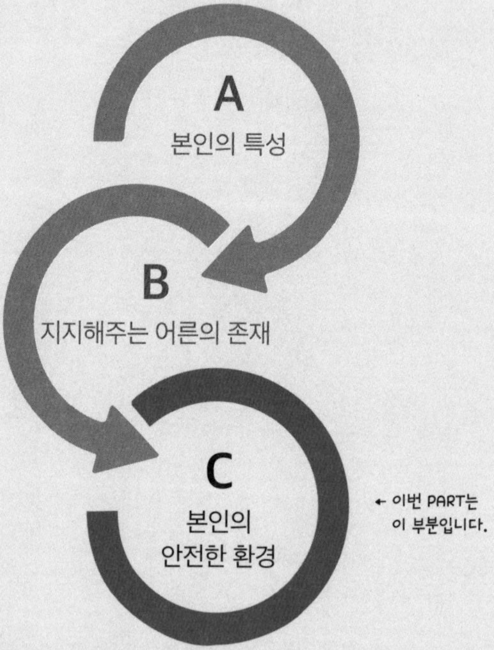

## Check List

자녀(혹은 신경이 쓰이는 아이)와 함께 무언가에 도전할 때 특히 신경 쓰는 점은 무엇입니까? 해당하는 항목에 체크해보세요.

□ 계획을 세운다(결과를 명확히 한다).

□ 아이가 잘하지 못해도 아이를 부정하지 않고 꾸짖지 않는다.

□ 계속해서 지켜봐준다.

□ 아이가 잘하지 못할 때는 약간 도움을 준다.

□ 아이가 잘하지 못해도 초조해하지 않고 기다린다.

□ 바람직하지 않다고 느끼면 언제든지 그만둔다.

□ 일어난 일에 대해서는 그대로 인정한다.

□ 재미있게 즐기면서 하도록 배려한다.

□ 아이가 하고 싶은 것이 있을 때 그것을 할 수 있도록 노력한다.

□ 아이가 무엇을 하려고 할 때 호기심을 갖도록 도와준다.

위의 항목들은 아이의 반주자로서 필요한 조건입니다. 만일 체크 항목이 하나도 없다면 당신은 자녀의 의욕을 빼앗고 있을 가능성이 큽니다. 인지 기능 트레이닝을 실천할 때는 가능한 한 이 체크리스트 항목을 의식해야 합니다.

# 인지 기능
# 트레이닝을 위한 준비

**인지 기능 트레이닝으로 인지 능력을 높이자**

Cognitive Training은 인지 기능에 특화된 트레이닝을 말합니다.

인지 기능 트레이닝에는 목적별로 3가지로 나뉩니다.

1. 인지 기능 강화 트레이닝 [→학습면] Cognitive Enhancement Training : COGET
2. 인지 소셜 트레이닝 [→사회면] Cognitive Social Training : COGST
3. 인지 작업 트레이닝 [→신체면] Cognitive Occupational Training: COGOT

이는 학교나 사회생활에서 어려움을 겪지 않기 위해 필요한 3가지 면(사회면, 학습면, 신체면)을 개선·강화하고 아이를 지원하기 위한 포괄적인 프로그램입니다. 교육 현장에서 인지 기능이 약해 어려움을 겪는 아이들에게 큰 효과가 있습니다. 현재는 전국의 초·중학교를 중심으로 대부분의 교육기관에 도입되어 수만 명의 학생이 인지 기능 트레이닝을 접하고 있습니다.

특히 괄목할 만한 성과를 보여준 아이는 IQ가 50이었습니다. 다른 아이와 대화가 통하지 않고 멍한 상태에 있었는데 인지 기능 트레이닝을 시작한 후, IQ 검사에 상응한 인지 검사에서 90까지 상승했습니다. 완전하다고 말해도 좋을 정도로 다른 사람이 되었습니다. 학교 행사에서 대표로 뽑혀 인사말을 하였고 꿈을 품고 미래를 설계하고 있습니다. 더불어 공부도 열심히 합니다.

그밖에도 인지 기능 트레이닝을 통해 '논리적으로 생각하는 습관이 생겼다. 언제까지나 울고만 있으면 안 된다는 것을 깨달았다. 전에는 꾸중을 많이 들었고 도전하는 일에 1개월을 채우지 못했는데 트레이닝을 받고 난 후 기억력 좋아졌다는 칭찬을 들었다. 끈기가 생겨 두 달 이상 레고 조립에 매달리고 있다.' 등의 긍정적인 후기가 잇따르고 있습니다.

〈다르게 생각해보자〉라는 워크시트를 매주 1회씩, 4개월 동안 실시해보니 전혀 화를 내지 않게 되고, 화를 내기 전에 '혹시 내가 착각하고 있는 것은 아닐까?'라고 한 번 더 생각한다고 합니다. 자기 성질에 맞지 않으면 언제나 화를 내고 난동을 부리던 소년도 인지 기능 트레이닝을 통해 눈에 띄게 바뀌었습니다. 심리적 평온을 유지하게 된 것입니다.

### 인지 기능 트레이닝 실시 전에 자신의 생각을 다시 되짚어보자

지금부터 인지 기능 트레이닝 방법을 살펴봅시다. 하지만 그에 앞서 주의사항을 먼저 설명하겠습니다. 이 주의사항은 어른이 아이와 함께 무언가에 도전할 때는 꼭 염두에 두면 좋습니다. 아이와 함께 하는 사람의 생각과 태도가 도전의 결과에 큰 영향을 미치기 때문입니다.

**▶ 인지 기능 트레이닝에 임하는 보호자의 입장에서 생각해보기**

- 학창시절 공부할 때 부모가 하지 않았으면 했던 점은 무엇일까?
- 반대로 부모가 해줬으면 좋겠다고 생각한 점은 무엇일까?

어른에게 혼나면 아이들은 대부분 의기소침해집니다. 혼나면 더 열심히 노력한다고 생각하는 이들도 있겠지만 꾸중을 듣는다면 의욕이 생길까요? 안심하고 무언가에 집중할 수 있을까요? 보편적인 인간은 응원을 받고 인정받으면 의욕의 원동력으로 이어갑니다. 그러므로 아이들에게 '안심할 수 있는 환경'을 만들어주어야 합니다.

트레이닝을 시작하기 전에 다음 5가지 항목에 대해 시뮬레이션을 해둡니다.

① 왜 인지 기능 트레이닝을 시작하는지 아이에게 어떻게 설명할 것인가?
② 아이가 그 설명을 들었을 때 어떻게 생각할까?
③ 아이가 바뀌고 싶어 하는 모습을 알 수 있는가?
④ 인지 기능 트레이닝을 행하면 아이에게 어떤 효과가 있을까?
⑤ 어떻게 자녀의 반주자 역할을 할 생각인가?

여기에서 주의할 점은 아이의 상황이나 감정을 고려해야 한다는 것입니다. 너무 큰 기대로 아이에게 압박을 주지 않도록 주의하세요. 아이 한 명 한 명을 주의 깊게 살피면서 진행해야 합니다. 그리고 인지 기능 트레이닝은 지속적으로 행해야 효과를 볼 수 있습니다. 꾸준히 연결성을 가지고 이어가지 않으면 의미가 없어집니다.

**▶인지 기능 트레이닝을 지속할 수 있는 포인트**

- 장시간 행하지 않는다. 아이가 하고 싶다고 해도 길면 20분 정도에서 끝낸다.
- 강제적으로 시키지 않는다.
- 할 수 없거나 하지 않아도 꾸짖지 않는다(예 : 왜 못 하는 거니?).
- 다른 아이와 비교하지 않는다(예 : ○○은 잘하잖아!)
- 적당히 할 수만 있으면 다음으로 넘어간다. 정답 수나 높은 목표치를 설정하지 않는다.

### 하루 5분 인지 기능 트레이닝

하루 5분 인지 기능 트레이닝은 [그림 5-1]처럼 크게 3가지 부분으로 구성됩니다. 모두 총 120회분으로 되어 있습니다. 아이에게 무리가 가지 않도록 1일 1회 5분씩, 약 3개월간 이어지도록 구성한 것입니다. 그러나 한 회 한 회가 거듭될수록 잘 적응하지 못하고 생활하기 힘든 아이의 인지 능력, 대인관계 능력, 신체 능력은 커지고 높아집니다. 이를 확신하고 트레이닝에 임해보세요.

인지 능력 향상 : 60회분(1일 2회 실시, 30일분)

대인관계 능력 향상 : 30회분(1일 1회 실시, 30일분)

신체 능력 향상 : 30회분 (1일 1회 실시, 30일분)

## 인지 능력 향상 트레이닝

- 듣고 이해하는 능력 키우기 ① 처음과 짝!
- 듣고 이해하는 능력 키우기 ② 뭐가 제일?
- 집중력 키우기 ① 합치기
- 집중력 키우기 ② 사과를 세어보자
- 집중력 키우기 ③ 찾아보는 계산
- 관찰력 키우기 ① 점 연결하기
- 관찰력 키우기 ② 모양 찾기
- 관찰력 키우기 ③ 똑같은 그림 찾기
- 논리성 키우기 ① 스탬프
- 논리성 키우기 ② 순위 결정전

## 대인관계 능력 향상 트레이닝

- 자기 자신 알기 ① 우여곡절 지도
- 자기 자신 알기 ② 시간차 일기
- 감정 컨트롤 ① 이 사람들은 어떤 기분인가?
- 감정 컨트롤 ② 다르게 생각해보자
- 감정 컨트롤 ③ 고민 상담
- 위험 감지 어디가 위험해?
- 대인 매너, 부탁하는 방법, 사과하는 방법
- 문제 해결력 ① 문제를 해결하자 [결과가 정해져 있는 경우]
- 문제 해결력 ② 문제를 해결하자 [다음에는 어떻게 해야 할까?]
- 문제 해결력 ③ 문제를 해결하자 [결과가 정해져 있지 않은 경우]

| 신체 능력 향상 트레이닝 |
|---|
| • 바디 이미지 향상 ① 봉 돌리기<br>• 바디 이미지 향상 ② 봉 넘기기<br>• 바디 이미지 향상 ③ 한 발로 서기<br>• 협조 운동(조대) ① 봉 회전<br>• 협조 운동(조대) ② 봉 캐치<br>• 협조 운동(미소) ① 테니스공 쌓기<br>• 협조 운동(미소) ② 이쑤시개 쌓기<br>• 협조 운동(미소) ③ 종이접기용 종이 찢기<br>• 신체 모방 ① 정지 모방<br>• 신체 모방 ② 시간차 모방 |

**[그림 5-1] 인지 기능 트레이닝 예시 목록**

### 인지 능력 향상 트레이닝

인지 기능이란 PART 2에서 설명한 바와 같이 기억, 지각, 주의, 언어의 이해, 판단 및 추론과 같은 몇 가지 요소가 포함된 지적 기능입니다. 인지 기능의 향상은 학습능력을 높일 뿐만 아니라, 사람에게 관심을 가진다, 사람의 기분을 고려한다, 사람과 대화한다, 계획을 세운다, 곤란한 문제를 해결하는 것처럼 아이가 평소 생활하는 데 필요한 기본적인 능력을 키워줍니다.

여기에서는 인지 기능 중 가장 기초적인 '지각', '주의', '판단·추론' 능력을 기르기 위한 '보기', '듣기', '집중하기', '상상하기'

의 측면에서 트레이닝을 실시하도록 하겠습니다.

이 책에 소개된 인지 기능 트레이닝은 해답의 예도 같이 보여주고 있습니다.

이 인지 기능 트레이닝은 보기, 듣기, 상상하기를 위한 인지 기능 강화 트레이닝을 구성한 것입니다.

| | 분야 | 과제 |
|---|---|---|
| A | 듣고 이해하는 능력 키우기 | '처음과 짝!' '뭐가 제일?' |
| B | 집중력 키우기 | '합치기' '사과를 세어보자 |
| C | 스피드 높이기 | '찾아보는 계산' |
| D | 관찰력 키우기 | '점 연결하기' '모양 찾기' '다른 곳 찾기' |
| E | 논리성 키우기 | '스탬프' '순위 결정전' |

인지 능력 향상 트레이닝

듣고 이해하는 능력 키우기 ①

# 처음과 짝!

## 목적

다른 사람의 이야기를 주의·집중하여 듣고 이해하는 능력 키우자.

## 진행 방법

❶ 아이에게 각 문장의 첫 단어를 기억하라고 합니다.

❷ 문장의 도중에 동물의 이름(흰색 밑줄이 그어져 있는 단어)이 나오면 아이에게 손뼉을 쳐 달라고 합니다.

❸ 제시된 3개의 짧은 문장을 들려줍니다.

❹ 첫 단어는 무슨 단어였는지를 대답하게 합니다.

※정답은 각 문장의 흰색으로 표시된 단어입니다. 1회당 2세트씩 시행합니다. 다른 트레이닝과 병행하여 매회 실시하도록 합니다.

## 포인트

- 손뼉을 치는 대신 눈을 감게 하거나 손을 들게 해도 괜찮습니다.
- 첫 단어에 대해서는 엄밀한 규정이 있는 것은 아니므로 여러 단어를 같이 대답할 경우에는 내용이 일치하면 정답으로 합니다. 예를 들어 첫 번째 문제의 경우 '작은'도 정답으로 합니다.

## 유의점

'처음과 짝!'은 아이의 연령이나 수준에 따라 문장을 늘리거나 줄여도 괜찮습니다.

Training

# 처음과 짝!

지금부터 3개의 문장을 읽을 거예요. 여러분은 이걸 듣고 각 문장의 첫 번째 단어만 기억해주세요. 그리고 읽는 도중 동물 이름이 나오면 손뼉을 쳐주세요. 3문장을 제가 다 읽고 나면 여러분이 외운 3개의 단어를 해답지에 써주세요(다른색으로 표시된 단어가 정답. 밑줄이 그어져 있는 단어가 동물 이름).

❶ 작은 연못에서 곰이 몸을 씻고 있습니다.
연못 건너편에는 토끼가 자고 있습니다.
노란 잉꼬 한 마리가 날아왔습니다.

❷ 비가 내리자 까마귀는 산으로 돌아갔습니다.
부엉이가 둥지 안에서 졸린 듯이 앉아 있습니다.
숲속에서 여우 두 마리가 놀고 있습니다.

인지 능력 향상 트레이닝

듣고 이해하는 능력 키우기 ②

# 뭐가 제일?

## 목적

수업을 주의·집중해서 듣고 확실히 이해하는 능력을 키우자.

## 진행 방법

❶ 문제를 천천히 읽어주고 어떤 것이 답인지 생각해보게 합니다.

❷ 1회당 1문제를 출제합니다.

❸ 다른 트레이닝과 병행해 매회 실시합니다(총 15회분).

## 포인트

- 영상을 이미지화하거나 손을 사용해 기억하도록 하자.
- 자신에게 맞는 이해 방법으로 기억하는 습관을 몸에 익히도록 한다.
- 아이의 수준에 맞춰 1회로 잘 이해를 못 하면 몇 번이고 더 읽어준다.

## 유의점

아이가 잘 이해하지 못하면 종이에 그림을 그려 설명하거나 이해할 때까지 읽어준다.

Training

# 뭐가 제일?

지금부터 문제를 보고 무엇이 제일인지 생각해보세요.

그리고 답을 답안지에 써주세요.

❶ 빵이 3개 있습니다.

딸기잼 빵이 크림빵보다 인기가 많습니다.

크림빵은 호빵보다 인기가 많습니다.

제일 인기 있는 빵은 무엇일까요?

정답 : 딸기잼 빵

❷ 과일이 3개 있습니다.

사과는 포도보다 쌉니다.

배는 사과보다 쌉니다.

제일 싼 과일은 무엇일까요?

정답 : 배

인지 능력 향상 트레이닝

집중력 키우기 ①

# 합치기

**목적**

숫자를 묶음(양)으로 정리하며 숫자의 감각을 익혀보자.

**진행 방법**

❶ 사과를 4~6개씩 동그라미로 합쳐보게 한다.

❷ 묶음의 동그라미 개수와 사과의 개수 합계를 적는다.

**포인트**

- 시간에 구애받지 말고 천천히 확실하게 동그라미로 묶어보라고 한다.
- 사과를 하나씩 세지 말고 4~6개의 묶음을 찾은 후에 동그라미로 묶어보라고 한다. 동그라미로 묶지 않은 사과가 있어도 그것은 그대로 둔다.

**유의점**

- 사과의 총 개수가 많아서 셀 수 없는 경우에는 동그라미 묶음의 개수만 세어 쓰게 한다. 곱셈이나 구구단을 알고 있는 아이에게는 이를 이용하여 사과의 합계를 쓰게 해도 된다.
- 사과를 동그라미로 묶을 때 사과를 한 개씩 세고 있으면, 2개씩 아니면 3개씩 동그라미로 묶게 하자.
- 점차 나아가 여러 개를 하나로 묶으면 묶음의 개수를 줄어든다. 아이가 몇 개부터 묶음으로 보고 있는지 파악하여 할 수 있는 개수부터 시작하도록 한다.

Training

# 합치기

사과를 4개씩 동그라미로 묶어보고 동그라미 묶음과 사과의 개수를 세어 적어보세요.

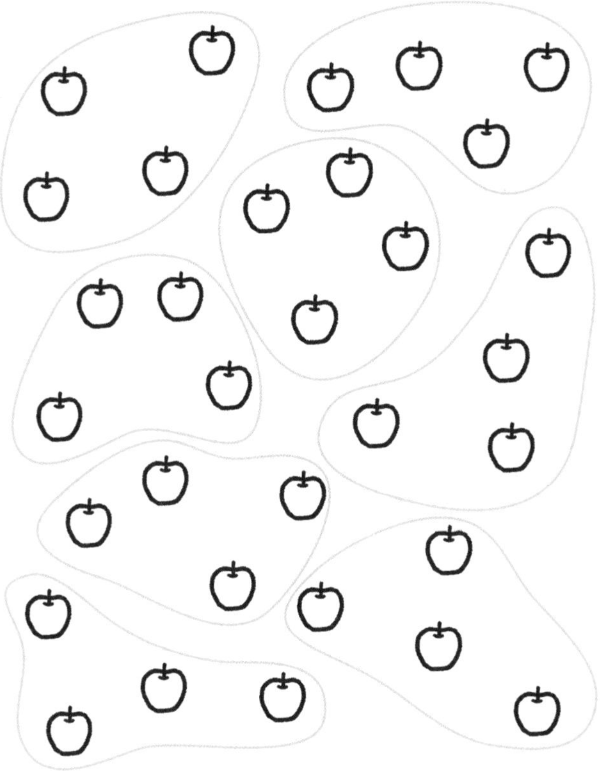

사과 묶음은 (8)개, 사과는 (32)개

인지 능력 향상 트레이닝

## 집중력 키우기 ②
# 사과를 세어보자

**목적**

주의·집중력, 멈추는 힘, 자기 관리력을 기른다.

**진행 방법**

❶ 우선 도전하는 '목표 시간'을 쓴다.

❷ 시작을 알리면  개수를 세면서 사과에 ✓를 하게 한다.

❸ 아이가 다 세고 난 뒤 개수를 아래 정답을 쓰고 바로 손을 들게 한다.

❹ 걸린 시간을 알려주고 완료된 시간은 이번 시간 칸에 적어둔다. 목표 시간이 적절했는지 그 이유나 소감을 물어보고 시간의 상한선은 5분으로 한다.

❺ 사과 문제가 끝나면 다음 문제로  를 고르게 하는데 체크하지 않고 세어보게 한다.

**포인트**

정답을 적는 속도보다 주어진 규칙을 고려해 신중하게 임하는 자세를 가지게 한다. 사과의 개수가 틀렸다면 왜 틀렸는지 확인해보도록 한다. 목표 시간과 결과를 비교함으로써 자기관리 능력을 기르게 한다.

**유의점**

모든 사과에 먼저 체크한 뒤 한꺼번에 세는 것이 아니다. 사과의 개수를 세면서 체크하도록 주의한다.

Training

# 사과를 세어보자

사과의 숫자를 세면서 최대한 빨리 사과에 체크해보세요.

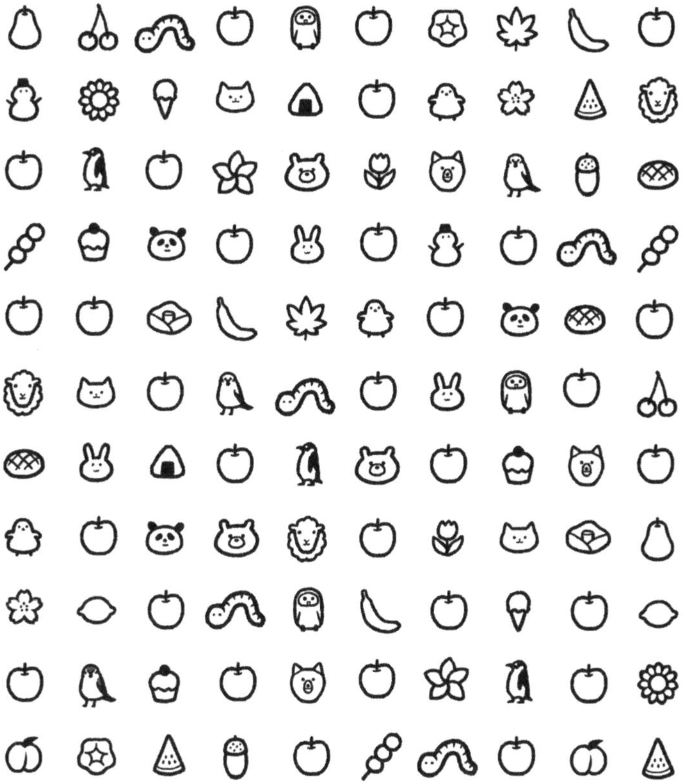

· 목표 시간 (2)분 (0)초 · 이번 시간 (1)분 (50)초 · 사과는 (25)개

인지 능력 향상 트레이닝

집중력 키우기③

# 찾아보는 계산

## 목적

계산이나 사고력의 속도를 높이며 암산 능력이나 계획능력도 키우자.

## 진행 방법

❶ 점선으로 연결된 가로, 세로, 대각선의 2개의 숫자를 더한다.

❷ 문제로 제시한 숫자가 되는 것을 찾아 그 2개의 숫자에 동그라미를 한다.

❸ 답은 1개, 아니면 2개, 3개가 있을 수 있다.

## 포인트

- 찾는 방향을 윗줄에서 순서대로, 왼쪽에서 오른쪽 방향으로 찾으면 효율적이다.
- 찾는 숫자보다 큰 숫자면 건너뛰고, 더해도 찾는 숫자보다 절대로 모자라면 건너뛰는 등 효율적으로 찾는 방법을 생각해본다.

## 유의점

잘 찾기 위해서는 재빠르게 암산하는 능력, 숫자를 기억하고 계산해 나가는 능력, 효율적으로 찾는 능력이 필요하다. 푸는 방법이 익숙해질 때까지는 시간을 들여 천천히 하도록 한다.

Training

# 찾아보는 계산

네모 안에 가로, 세로, 대각선으로 인접해 있는 2개의 숫자를 더하면 10이 되는 것이 하나 있습니다. 찾아서 ○를 해보세요.

| | | |
|---|---|---|
| 2 | 3 | 2 |
| 7 | 5 | 4 |
| 4 | 7 | 9 |

| | | |
|---|---|---|
| 4 | 7 | 4 |
| 5 | 4 | 7 |
| 6 | 8 | 1 |

| | | |
|---|---|---|
| 4 | 7 | 4 |
| 7 | 5 | 1 |
| 6 | 2 | 5 |

| | | |
|---|---|---|
| 3 | 2 | 7 |
| 4 | 8 | 4 |
| 5 | 4 | 3 |

| | | |
|---|---|---|
| 6 | 5 | 3 |
| 1 | 2 | 9 |
| 4 | 1 | 7 |

| | | |
|---|---|---|
| 4 | 5 | 3 |
| 8 | 3 | 2 |
| 5 | 5 | 6 |

| | | |
|---|---|---|
| 5 | 6 | 7 |
| 6 | 2 | 5 |
| 2 | 4 | 9 |

| | | |
|---|---|---|
| 6 | 3 | 2 |
| 2 | 5 | 3 |
| 6 | 7 | 4 |

| | | |
|---|---|---|
| 3 | 5 | 6 |
| 4 | 3 | 2 |
| 2 | 6 | 9 |

인지 능력 향상 트레이닝

관찰력 키우기 ①

# 점 연결하기

**목적**

어떤 사물을 정확하게 베끼는 시각 인지의 기초력을 향상시킨다. 시각과 손가락 운동과의 연동성, 손재주 등을 키우자.

**진행 방법**

❶ 예시를 보면서 대각선 하단의 사각형에 그대로 옮겨본다.

❷ 자를 사용하지 말고 손으로만 그려보도록 한다.

**포인트**

- 점과 점을 연결하는 선이 일그러져도 바르게 연결한다고 느껴지면 정답으로 한다.
- 가능한 한 지우개를 사용하지 말고 처음부터 정확하게 이어 보도록 한다.

**유의점**

- 정확하게 옮기지 못하면 어디가 잘못되었는지 본인이 찾아내게 한다.
- 세 번 시켜봐도 정답을 찾지 못하면 답을 가르쳐주고 나중에 재도전하게 한다.

Training

# 점 연결하기

상단의 그림처럼 점을 찍어 대각선 하단의 사각형에 그대로 옮겨 보세요.

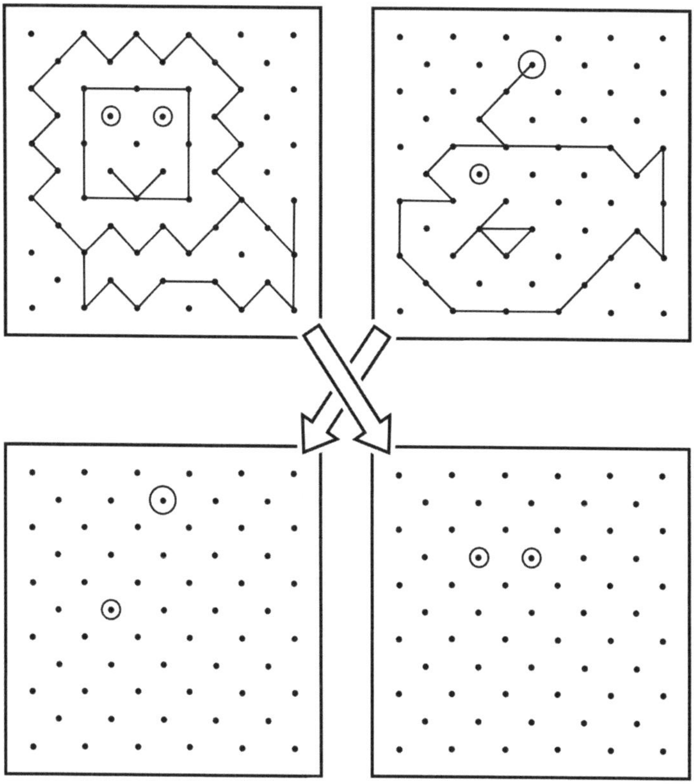

인지 능력 향상 트레이닝

관찰력 키우기 ②

# 모양 찾기

### 목적

불규칙하게 늘어선 점 속에서 어떤 특정한 형태를 발견할 수 있다. 형태의 윤곽을 인식할 수 있는 능력이나 형태의 항상성 능력을 키운다.

### 진행 방법

상단 예시 도형의 형태를 본뜬 점의 배열을 아래 점에서 찾아 선으로 연결한다.

### 포인트

- 대상이 되는 배열의 개수가 문제에 표기되어 있으므로 모두 찾을 때까지 찾아본다.
- 이해하기 어려워하면 처음 1개를 선으로 묶어 보여준다.

### 유의점

문제로 낸 형태를 찾지 못하고 어려워하면 더 쉬운 과제부터 하도록 한다.

Training

# 모양 찾기

아래 그림에는 예시 모양이 10개 있습니다. 그것들을 찾아서 예시처럼 모양을 선으로 연결해보세요.

이 모양에서 선으로 연결해보자

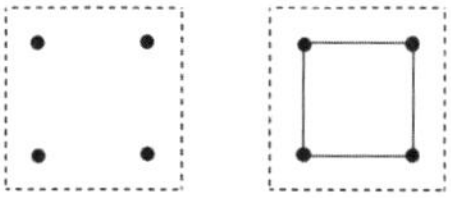

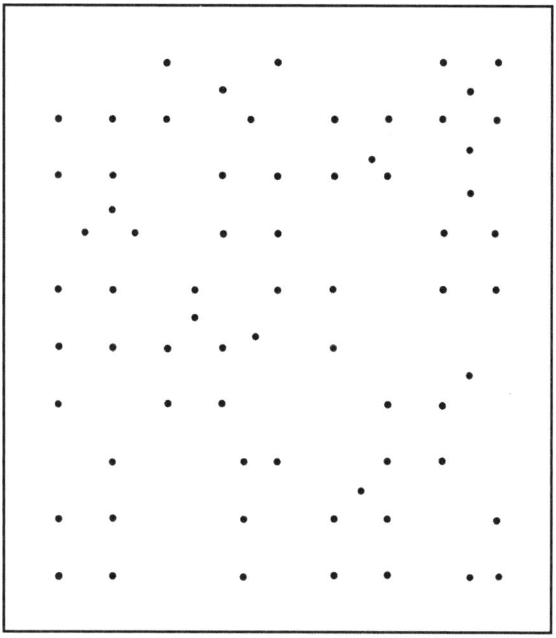

인지 능력 향상 트레이닝

관찰력 키우기 ③

# 똑같은 그림 찾기

**목적**

여러 개의 그림 중 2장의 같은 그림을 찾아낸다. 시각 정보의 공통점이나 차이점을 파악하는 능력, 관찰력을 키운다.

**진행 방법**

❶ 여러 그림 중 똑같은 그림이 두 장을 섞어 둔다.

❷ 같은 그림 두 장을 찾아내어 (    )에 번호를 적도록 한다.

**포인트**

- 어떤 두 장의 그림을 비교하여 그중 1개의 다른 점을 발견되면 어느 쪽의 그림이 다른지 알 수 있게 된다.
- 처음에는 확연히 다른 그림을 찾아내 × 표를 하고 찾아내야 하는 그림을 점차 알아가야 한다.
- 다른 그림과 다른 곳을 ○ 표시해보면 정답의 후보를 줄일 수 있고, 선택이 더 쉬워진다.

**유의점**

처음부터 정답의 두 장을 찾으려고 하면 혼란스럽고 시간이 걸린다. 효율적으로 찾으려면 어떻게 해야 할지 처음부터 생각하도록 유도해도 좋다.

Training

# 똑같은 그림 찾기

아래 아홉 장의 그림 중 똑같은 그림이 두 장 있습니다. 그 두 장을 찾아서 아래 (　　)에 번호를 적어보세요.

정답 : (2) 와 (10)

인지 능력 향상 트레이닝

논리성 키우기 ①

# 스탬프

**목적**

스탬프를 찍으면 어떻게 될 것인가를 예측할 수 있다. 거울상을 이미지화하는 능력이나 보이지 않는 것을 상상하는 능력, 논리성을 키운다.

**진행 방법**

스탬프를 찍으면, 아래 스탬프 중 어떤 '스탬프(누른 자국)'가 될지 상상하고 ( )에 해당하는 번호를 적는다.

**포인트**

- 한 번에 봐도 다르다고 생각되는 그림에는 ×표를 해 지워가면서 하면 알기 쉽다.
- 스탬프(누른 자국)는 원래 그림(스탬프의 뒷면)의 거울상(좌우 반전된 도안)이므로 어렵다.
- 스탬프에 실제로 거울을 놓고 형태를 확인시켜준다.

Training

# 스탬프

A, B, C는 스탬프의 모양이 새겨져 있는 면입니다. 스탬프를 찍었을 때 어떤 그림이 될지 1~9에서 골라보세요.

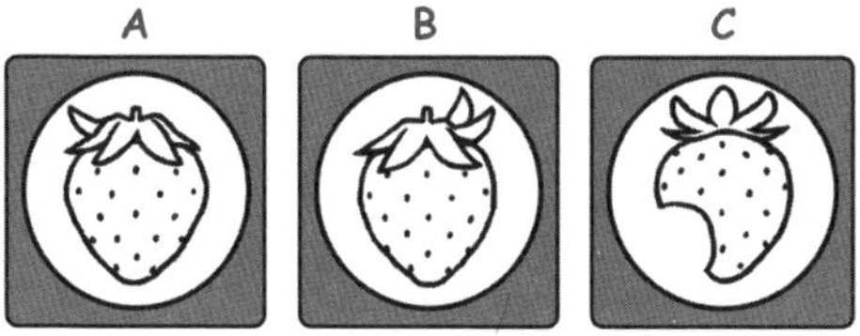


정답 ( 6 )  정답 ( 1 )  정답( 8 )

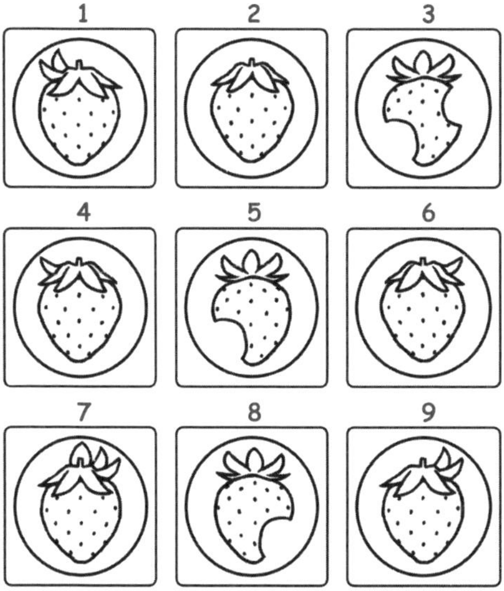

인지 능력 향상 트레이닝

논리성 키우기 ②

# 순위 결정전

**목적**

복수의 관계성을 비교해 이해하는 능력을 키우자.

**진행 방법**

❶ 동물들이 달리기한다고 가정한다.

❷ 동물들의 종합 순위를 생각해 (    )에 각각의 순위를 적어보세요.

**포인트**

- 전체 동물 중 가장 빠른 동물을 찾아내자.
- 2번째, 3번째 순서대로 찾아가면 된다.

# 순위 결정전

동물들이 달리기 경주를 했습니다. 가장 빠른 순서대로 순위를 매겨보세요.

( 3 )　( 2 )　( 1 )

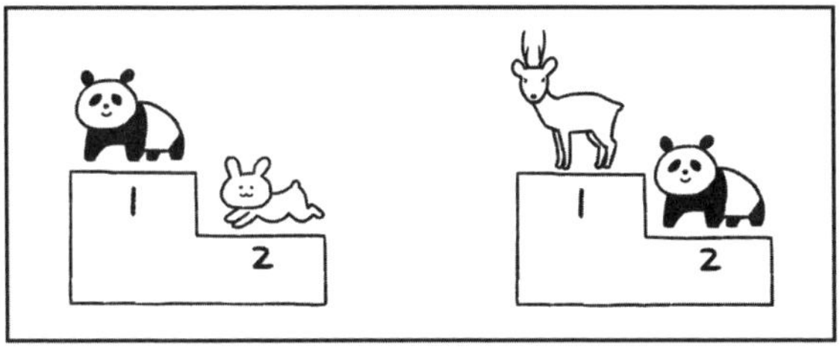

( 1 )　( 2 )　( 3 )

**대인관계 능력 향상 트레이닝**

대인관계의 실패는 아이에게 스트레스가 됩니다. 대인관계가 원만하지 않으면 학교생활이나 일상생활에서 말썽을 일어나지요. 이에 아이는 친구들로부터 소외되거나 스스로 관계를 단전시킵니다. 대인관계 개선을 위해서는 자기 평가의 문제, 감정의 문제, 대화 능력의 문제, 유연성의 문제에 대응 가능한 트레이닝이 필요합니다.

자기평가의 문제는 자신을 되돌아보고 과거와 미래의 자신과 편지 교환을 통해 자신을 깨닫게 하는 트레이닝입니다. [→A 자신 알기]

감정의 문제에는 남의 기분, 자신의 기분, 친구의 상담에 응해주는 순서로 단계적인 감정 트레이닝을 해 나갑니다. [→B 감정 컨트롤]

위험 감지는 자기 몸을 스스로 지키기 위해 위험을 감지하는 트레이닝입니다.[→C 위험 감지]

대화 능력의 문제는 대인관계 능력의 기초가 되는 예의(부탁하다, 사과하다, 거절하다)에 관한 트레이닝을 실시해 갈 것입니다. [→D 대인 매너].

유연성의 문제는 어떤 문제가 생겼을 때 여러 가지 해결책을 생각하고 문제에 유연하게 대처할 수 있도록 트레이닝해 갈 것입

니다. [→E 문제 해결력]

A~E 분야는 구체적인 단계의 과제로 구성되어 있습니다.

| | 분야 | 과제 |
|---|---|---|
| A | 자신 알기 | 우여곡절 지도, 시간차 일기 |
| B | 감정 컨트롤 | 이 사람들은 어떤 기분일까, 다르게 생각해보자,<br>고민 상담 |
| C | 위험 감지 | 어디가 위험한가 |
| D | 상호 예절 | 부탁하는 법 사과하는 법, 거절하는 법 |
| E | 문제 해결력 | 문제를 해결하자<br>[결과가 이미 정해져 있는 경우]<br>[다음에는 어떻게 할까?]<br>[결과가 정해져 있지 않은 경우] |

대인관계 능력 향상 트레이닝

## 자신 알기 ①
# 우여곡절 지도

### 목적

지금까지의 다양한 체험을 객관적으로 보고 의미를 부여하는 능력을 키우자.

### 진행 방법

❶ 일정 기간의 인생 그래프를 그려본다.

❷ 세로축은 사건, 가로축은 시간을 나타낸다.

❸ 세로축의 위로 갈수록 좋았던 사건의 점수이고 아래는 안 좋았던 일의 점수이다. 가로축 시간은 '태어나서부터 현재까지', '한 주를 돌아보며', '한 달을 돌아보며' 등으로 정하면 된다.

❹ 언제 무슨 일이 있었는지 쓰게 한다.

### 포인트

- 아이가 그린 워크시트는 어른이 맡아둔다. 시간이 흐를수록 예전에 그리던 산이나 계곡이었던 것이 없어지거나, 새로운 산, 계곡이 나타나는 것을 통해 아이도 자신의 마음 변화가 시각화되어 알기 쉬워진다.
- 가로축의 눈금은 아이가 자유롭게 그린다. 아이에게 있어서 중요한 부분은 눈금이 넓어지는 경향이 있으므로 이 점 또한 아이를 지원해줄 때 힌트가 된다.

### 유의점

이전의 지도에 영향을 받지 않도록 과거의 지도는 보이지 않도록 한다.

Training

# 우여곡절 지도(태어나서부터 지금까지)

아래의 예에서 볼 수 있듯이 좋았던 점은 산, 안 좋았던 점은 계곡으로 그리고 언제 무슨 일이 있었는지도 써보세요.

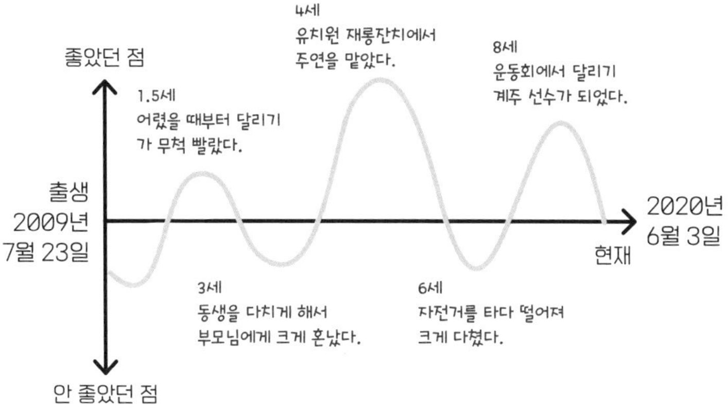

## 자신 알기 ②
# 시간차 일기

**목적**

미래를 예상하여 목표를 세우고 결과를 돌이켜본다. 목표를 세우는 방법이 어떠했는지 생각해보며 스스로 피드백하는 능력을 키우자.

**진행 방법**

❶ 먼저 1주일 후의 자신에게 편지를 쓴다.

❷ 1주일이 지나면 1주일 전의 자신이 보낸 편지에 답장을 쓴다.

❸ 1주일 후에도 똑같이 한다.

❹ 과거의 자신과 미래의 자기를 서로 교환한다.

**포인트**

- 아이가 자신이 쓴 목표나 편지의 내용을 의식하게 하지 않기 위해 아이가 쓴 편지는 일단 어른이 맡아둔다
- 1주일이 지났을 때 아이에게 건네주고 읽게 한 후, 과거의 자신에게 편지를 쓰게 한다. 미래나 과거의 자신을 마치 친구 같은 느낌으로 상상하여 편지를 쓰도록 유도한다.

**유의점**

자신을 알기 위한 계기 만들기 위한 목적이다. 처음에 세우는 목표가 꽤 실현 곤란해보일지라도 아이에게 그것을 지적하지 말자.

Training

# 시간차 일기

일주일 후의 자신에게 편지를 써보세요. 일주일이 지나면 일주일 전의 자신과 앞으로 일주일 후의 자신에게 편지를 씁니다.

### 미래 1주일 후의 나에게

일찍 일어나서 공부를 열심히 했다.

부모님으로부터 칭찬을 받았다.

### 과거 일주일 전의 나에게 답장

한 번도 일찍 일어나지 못했다.

무리한 목표는 세우지 않는 편이 좋아.

대인관계 능력 향상 트레이닝

감정 컨트롤 ①

# 이 사람들은 어떤 기분일까?

## 목적

타인(복수의 타인)의 표정·상황을 읽고 표현하는 능력을 키우자.

## 진행 방법

❶ 그림을 보고 '어떤 기분일까?', '도대체 무슨 일이 있었을까?'를 상상해본다.

❷ 자신이 생각을 적고 왜 그렇게 느꼈는지 이유도 적게 한다.

## 포인트

- 그림 속 사람들의 시선이 어디를 향하고 있는지, 어떤 표정을 하고 있는지 확인하게 한다.
- 학교에서 만나는 다수의 동급생 감정이나 상황을 읽어 적절한 대응법을 알 수 있도록 한다.

## 유의점

여러 사람의 감정을 상상하기란 각각의 관계성을 따져야 하므로 매우 어렵다. 그러나 정답은 없다. 여러 가지 상황을 유추해 다른 사람의 기분을 상상하도록 유도하자.

Training

# 이 사람들은 어떤 기분일까?

아래 그림 속 사람들은 지금 어떤 마음일지, 어떤 기분일지, 도대체 무슨 일이 있었을지 상상해보고 그 마음을 동그라미에 안에 적어보세요.

실은
이런 일이 있어서…

두 사람한테 좋아한다는 고백을 받아서

실은
이런 일이 있어서…

길을 잃어버려서

대인관계 능력 향상 트레이닝

## 감정 컨트롤 ②
# 다르게 생각해보자

### 목적

갈등의 원인이 되는 감정을 조절하는 능력을 키우자.

### 진행 방법

❶ 평소 느끼는 불쾌하거나 불편한 감정을 워크시트에 기입한다.

❷ 분노, 슬픔, 화 등의 부정적인 감정을 그대로 표출하도록 한다.

❸ 감정을 안정시키는 방법은 무엇일까를 적으며 감정의 변화를 확인한다.

### 포인트

- 감정 레벨(%)은 분노를 폭력과 욕설로 내뱉는 경우를 100% 기준으로 본다.
- 100%를 기준으로 분노의 수치가 60% 이상이 되는 사건을 선택하게 한다.
- 안정시키는 수준은 분노 수치가 40% 이하가 나올 때까지 생각하게 한다.
- 대부분 '자신도 나빴던 건 아닐까?'라는 자책감으로 화가 풀리는 경우가 많다. 아이가 남의 탓만 할 때는 스스로 잘못이 없었는지 생각해보도록 힌트를 준다.

### 유의점

아이의 분노를 가라앉히는 것에 주안점을 둔다. 단, '죽어버렸으면 좋겠어'와 같은 비도덕적인 사고방식은 피하도록 해야 한다. 생각 변화만으로 감정 조절을 해야 하므로 '선생님과 상담해본다'라는 선택은 하지 않도록 한다.

Training

# 다르게 생각해보자

평소 느꼈던 불쾌한 감정을 워크시트에 적어보게 해보세요. 그 불쾌한 감정을 진정시킬 방법을 생각은 무엇일까요?

언제? 5 월 21 일 12 시쯤 어디에서? ( 학교에서 )

**무슨 일이 있었어?**

A가 부딪혔는데도 사과하지 않았다.

**그때 넌 어떻게 했어?**

짜증났어.

**어떻게 생각했어?**

나도 밀어버리고 싶었어.

**그건 어떤 마음이야?**

분노

**어느 정도의 강도야?**

80%

| | 다른 사고 방식 | 감정 | % | 감상 |
|---|---|---|---|---|
| 사고방식 ① | 보복을 해줄 거야 | 분노 | 85 | 더 짜증나 |
| 사고방식 ② | 무시해버리자 | 분노 | 60 | 하지만 또 생각나 |
| 사고방식 ③ | 그냥 잠시 비틀거렸던 걸까? | 분노 | 30 | 그런 거면 어쩔 수 없지 |

대인관계 능력 향상 트레이닝

감정 컨트롤 ③
# 고민 상담

**목적**

친구의 고민을 들어주고 말을 걸어줌으로써 공감과 배려의 능력을 키우자.

**진행 방법**

❶ A가 고민을 말한다. A의 고민에 대해 B, C가 말을 건다.

❷ A는 B의 말에 실망했지만 C의 말을 듣고 마음이 편안해진다.

❸ B, C가 각각 어떤 말을 했을지 상상해 써보게 한다.

**포인트**

- A의 입장을 얼마나 생각하는지 살핀다.
- 비슷한 자신의 경험을 떠올리고 그때 어떤 말을 듣고 싶었는지 쓰게 한다.
- 친구가 해주는 말이 비현실적이라도 A에게 공감하고 배려하는 것이 목적이다. 어떤 말이든 공감과 위로를 전하는 의미라면 잘했다고 인정해주자.

**유의점**

위로의 말은 자신에게는 잘할 수 없지만, 타인에게 말해야 할 땐 의외로 말이 잘 생각나게 마련이다. 아이가 한 말에 모순이 있어도 지적하지 말자. 능숙하게 말을 걸 수 있던 점을 칭찬하면 된다. 다른 사람에게 해준 말은 자신이 그와 비슷한 처지가 되었을 때 도움이 되기도 한다. 공감하는 능력이 생겨 다른 동급생에게도 상냥하게 대하는 계기가 된다.

Training

# 고민 상담

A가 슬퍼하고 있습니다. A의 고민을 B와 C가 들어줬습니다. A는 B가 건넨 말에 크게 실망했고, C가 건넨 말로는 마음이 편해졌습니다. B와 C는 각각 어떤 말을 A에게 건넸을까요? 생각을 해보고 그 내용을 써보세요.

대인관계 능력 향상 트레이닝

## 위험 감지
# 어디가 위험해?

### 목적

위험한 상황을 사전에 예측하고 위험을 피하는 능력을 키우자.

### 진행 방법

❶ 그림을 보고 위험하다고 느끼는 5곳에 ×표시를 하고 1부터 순서대로 번호를 매긴다. 빈칸에 ×표를 한 이유를 쓰게 한다.

❷ 위험하다고 생각하는 순서, 일어날 수 있다고 생각되는 순서를 쓰고 어느 것이 가장 위험한지 생각하게 한다.

### 포인트

누구나 자기가 원해서 위험한 일을 당하지는 않는다. 아이들도 예상되는 일에는 주의를 기울인다. 하지만 예상 밖의 일이나 아직 한번도 경험하지 못한 일에 대해서는 주의 깊게 행동하기 어렵다. 그러므로 일어날 수 있는 일을 가능한 한 많이 생각해보게 한다.

### 유의점

위험하다고 느끼는 점은 아이에 따라 다르다. 될 수 있는 한 많은 위험을 느끼게 하는 것이 목적이므로 모두와 다른 일, 있을 수 없는 일을 아이가 말하더라도 나무라지 말자. 아이가 느끼는 위험 감지의 한 종류로 듣고 '그것까지 잘 알아차렸구나'라고 칭찬해주자.

Training

# 어디가 위험해?

아래의 그림처럼 사고가 났습니다. 주위의 어른들이 당황하고 있습니다. 어디가 위험하다고 생각되나요?

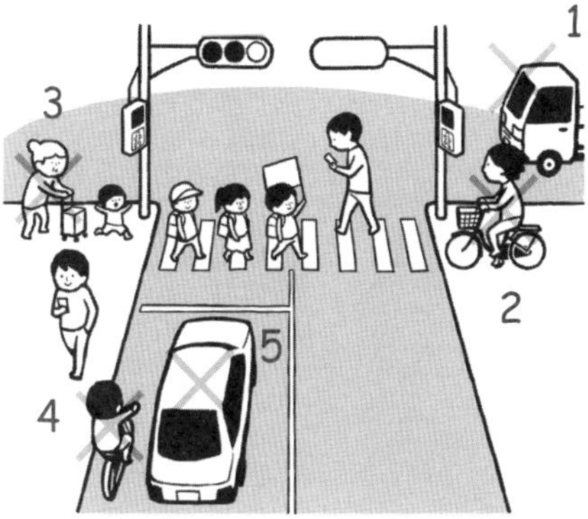


위험하다고 생각하는 곳에 X표와 번호를 붙이세요. 그 이유를 해당 숫자 아래 빈칸에 쓰면 됩니다. 위험한 곳은 한 군데가 아닙니다.

1 ( 차가 좌회전해 돌진한다. )

2 ( 자전거가 아이에게 돌진한다. )

3 ( 할머니가 넘어진다. )

4 ( 차 문이 열리고 자전거가 거기에 부딪힌다. )

5 ( 차가 움직이기 시작한다. )

(5) → (1) → (2) → (4) → (3)

대인관계 능력 향상 트레이닝

대인 매너

# 부탁하는 방법, 사과하는 방법, 거절하는 방법

**목적**

어떤 사람에게 부탁하는 방법, 사과하는 방법, 거절하는 방법을 배워보자.

**진행 방법**

❶ 장면을 보고 부탁하는 방법, 사과하는 방법, 거절하는 방법에 대해 상상한다.

❷ 상상한 것을 그대로 쓴다. 성공하는 경우와 실패하는 경우에 대해 말한다.

**포인트**

- 타인에게 부탁하고 사과하고 거절할 때 부적절한 방법에 대해 생각하게 한다. 이것을 먼저 생각하면 자신이 지금까지 부적절한 방법으로 사과하거나 거절한 건 아닌지 깨달을 수 있다.
- '만약 나라면 어떤 식이면 받아들일까?', '어떤 말이라면 용서할까?'를 생각하여 자신이 부탁할 때나 사과할 때, 거절할 때 주의해야 할 점을 깨닫는다.
- 이 과정에서 말로 표현하기 어려운 것도 많다는 것을 알게 된다. 시간이 충분하다면 연습 삼아 역할을 정해 실제 장면을 연출해봐도 좋다.

**유의점**

'무언가 사례를 하고 용서를 얻는다', '사과하는 의미로 OO해주겠다'의 교환 조건이나 '용서해주지 않으면 OO한다'라는 협박은 일회성 대응으로 끝난다. 더 적절한 방법이 없는지 생각하게 한다.

Training

# 거절하는 방법

A가 친구들과 하교를 하는 도중, 길에 떨어져 있는 지갑을 발견했습니다. B가 "같이 나누어 가질까?"라고 했지만 A는 경찰에 신고해야 한다며 거절했습니다.

**실패 사례**
B는 화가 나서 혼자 돌아가버렸습니다. 하는 수 없이 A 혼자 지갑을 들고 파출소로 가서 신고했습니다. A는 B의 제안을 어떻게 거절했을까요? A의 마음을 상상해서 적어보세요.

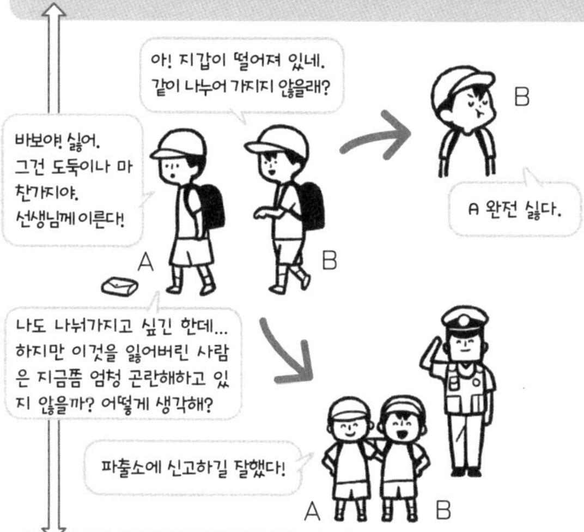


**성공 사례**
B는 "그게 좋겠다."라며 A에게 찬성했습니다. A와 B는 함께 파출소로 가서 지갑을 맡겼습니다. A는 B에게 어떻게 말했을까요? 상상해서 써보세요.

대인관계 능력 향상 트레이닝

문제 해결력 ①

# 문제를 해결하자 [결과가 정해져 있는 경우]

## 목적

곤란한 일에 직면했을 때 자기 힘으로 생각하고 해결하는 능력을 키우자.

## 진행 방법

❶ 워크시트에 짧은 이야기가 적혀 있다.

❷ 위쪽은 곤란한 상황이 연출되어 있다.

❸ 시간이 지나면서 문제는 해결되어 있다.

❹ 시간이 지날 때 어떤 일이 일어났으며, 어떻게 문제가 해결되었는지 상상한다.

## 포인트

문제를 해결하기까지는 여러 과정이 있다. 문제를 앞에 두고 '해결책', '시간', '장애'의 3가지를 고려하는 것이 현실적인 해결 방법이다.

## 유의점

우연히 해결되었다고 하는 문맥(예를 들면 B에게 갑자기 좋은 일이 생겨서 기분이 좋아졌다 등)은 문제를 스스로 해결한 것이 아니다. 문제 상황에 직면한 자신이 해결책을 제시하도록 한다.

Training

# 문제를 해결하자 [결과가 정해져 있는 경우]

아래의 이야기를 읽고 '시간이 흐릅니다'의 부분에 들어갈 내용을 생각해보세요.

<이야기>
A는 곤란해하고 있습니다.

A는 전학생입니다. 어느 날 B의 생일파티에 초대되었습니다. 그곳에서 아는 사람은 B뿐이었고 나머지는 다 모르는 사람이었습니다. B는 다른 사람과 이야기하느라 정신이 없었습니다. A는 말할 사람이 없어서 혼자 계속 서 있었습니다.

**[시간이 흐릅니다]**

A는 생일파티에서 다른 아이와
이야기하며 즐겁게 보내고 있습니다.

생각해보세요.

'시간이 흐릅니다'에서는 도대체 어떤 일이 있었을까요? 짧은 이야기를 만들어보세요.

A는 가까이 있는 아이에게 "B와는 어떤 관계야?"라고 물었습니다. 하지만 무시를 당했습니다. 포기하지 않고 이번에는 다른 아이에게 "어디에서 왔어?"라고 웃는 얼굴로 물었습니다. 그러자 그 아이는 피식 웃으며 대답해 대화가 자연스럽게 활기를 띠고 이어졌습니다.

대인관계 능력 향상 트레이닝

문제 해결력 ②

# 문제를 해결하자 [다음에는 어떻게 해야 할까?]

**목적**

실생활에서 일어나는 곤란한 문제를 해결할 능력을 키우자. 해결책을 택하는 능력을 키워 다음에는 어떻게 해야 할지 연습한다.

**진행 방법**

❶ 어느 쪽의 답을 선택하면 좋을지 애매한 예시를 제시한다.

❷ 아래 4개의 칸에 한쪽의 목표를 선택함으로써 좋은 점과 나쁜 점, '다른 하나의 목표를 선택함으로써 좋은 점과 나쁜 점'을 쓰도록 한다. 자신이라면 어떻게 할지 생각하게 한다.

**포인트**

어떤 목표를 선택하든 좋은 점과 나쁜 점이 있다. 여기에서는 상대방 기분을 고려하느라 적절한 목표를 선택하지 못할 경우, 장기적인 관점에서 그것이 득인지 실인지 생각하게 한다. 그다음에 본인의 목표를 선택하게 한다.

**유의점**

어떤 부적절한 목표를 선택할 경우 차후에 '눈앞의 좋은 것'을 매력적으로 느끼게 되면 부적절한 목표를 수정할 수 없도록 하자. 그 부적절한 목표가 '장기적인 관점에서 봤을 때 안 좋은 것'을 깨닫도록 해야 한다.

# 문제를 해결하자 [다음에는 어떻게 해야 할까?]

A는 왕따를 시키는 B와 C가 과자를 훔쳐 오라고 하자 곤란해하고 있습니다. 다음 질문에 답을 해보세요.

- A가 과자를 훔쳐 오면 좋은 점은 무엇일까요?
- A가 과자를 훔쳐 와서 곤란한 점은 무엇일까요?
- A가 과자를 훔쳐 오지 않았을 때의 좋은 점은 무엇일까요?
- A가 과자를 훔쳐 오지 않았을 때의 곤란한 점은 무엇일까요?
- A는 어떻게 하면 좋을까요?

| | 좋은 일 | 나쁜 짓 |
|---|---|---|
|  A 훔친다 | 왕따를 당하지 않는다. | 경찰에 잡힐지도 몰라. |
|  A 훔치지 않는다 | 경찰에 안 잡힌다. | 왕따를 당할지도. |

A는 어떻게 하면 좋을까요?
자신에게도 적용해보세요.

대인관계 능력 향상 트레이닝

문제 해결력 ③

# 문제를 해결하자 [결과가 정해져 있지 않은 경우]

## 목적

곤란한 일에 직면했을 때 자기 힘으로 해결하는 문제해결 능력을 키우자. 문제의 해결책과 그 예상 결과까지 진단해 최적의 방법을 생각하도록 한다.

## 진행 방법

❶ 짧은 이야기와 그림을 보여준다.

❷ 질문을 보고 (　)안에 적절한 답을 쓰도록 한다.

❸ 답을 생각하는 데에는 꽤 시간이 필요하므로 아침에 문제를 주고 저녁에 답을 발표하도록 2회로 나누어서 실시하는 게 좋다.

## 포인트

처음부터 최종적인 답을 적는 것이 아니라 우선 생각나는 순서대로 해결책을 쓰게 한다. 비현실적인 방법이나 비도덕적인 방법의 답이 나와도 바로 부정하지 말자. 다시 한번 잘 생각해보게 한다. '현실적인가?', '정말로 그렇게 하면 잘 될 것인가?', '교활하고 비겁한 방법이지 않아?' 등이 해결책의 기준이 된다.

## 유의점

자녀가 부적절한 해결 방안을 내놓더라도 어디까지나 하나의 방안에 지나지 않는다. 해결 방안 자체를 부정하면 자유로운 발상을 방해하고 사고를 경직시킬 수 있다. '그렇게 하면 어떻게 될까?'를 생각하게 하는 것이 중요하다.

Training

# 문제를 해결하자 [결과가 정해져 있지 않은 경우]

다음 그림을 보고 물음에 답해보세요.

A는 전학생입니다. 아직 새로운 학교 생활에 적응하지 못해 친구도 사귀지 못했습니다. 어느 날 B가 말을 걸어 주었습니다. 나중에 알고 보니 자기의 등 뒤에 '바보'라고 적힌 종이를 붙인 것이었습니다.

- 무슨 일이 일어난 걸까요? ( 못된 장난을 당했어. )
- 각자 어떤 마음이었을까요? A ( 슬프다 ) B ( 재밌다 )
- 어떻게 하면 좋을까요? ( 장난을 치지 않는다. )
- 어떻게 해결하면 좋을까요? 어떻게 될까요?

1. ( 선생님께 말한다 ) ➡ ( 보복을 당한다 )
2. ( 무시한다 ) ➡ ( 또 당한다 )
3. ( 참는다 ) ➡ ( 또 당한다 )
4. ( 따진다 ) ➡ ( 싸움이 날지도 )
5. ( 도망친다 ) ➡ ( 잘될지도 )

- 당신은 어떤 방법을 선택하겠습니까? ( 5 )
- 그걸 선택한 이유는? ( 도망치면 계속 안 따라올 테니까. )

### 신체 능력 향상 트레이닝

신체 능력을 높이기 위한 활동으로 작업요법과 정신의학 시점에서 개발된 인지 작업 트레이닝 COGOTCognitive Occupational Training를 이용해보세요. 단시간에 체험이 가능하도록 소개하고 있습니다.

COGOT는 '협조 운동, 고유 감각, 근력 조절, 주의·집중력, 동작의 예측, 기억력' 등 다양한 신체 기능·인지 기능을 고려합니다. 트레이닝 모듈을 결합한 체계적 프로그램이지요. COGOT의 특징은 일방적으로 지도하지 않고 아이의 인지 기능도 활성화시켜 어떻게 하면 잘될까, 실패하면 다음부터는 어떤 방법이 좋을까를 생각하면서 진행해 나갑니다.

신체 능력을 향상시키는 인지 기능 트레이닝은 다음의 4개 분야, 총 10개의 트레이닝으로 구성되어 있습니다. 각각 3회씩(총 30회) 실시해보세요.

| | 분야 | 과제 |
|---|---|---|
| A | 바디 이미지 향상 | 봉 돌리기, 봉 넘기기, 한 발로 서기 |
| B | 협조 운동(조대) | 봉 회전, 봉 캐치 |
| C | 협조 운동(미소) | 어디가 위험한가? |
| D | 상호 예절 | 테니스공 쌓기, 이쑤시개 쌓기, 종이접기용 종이 찢기 |

신체 능력 향상 인지 기능 트레이닝을 하기 전에 몇 가지 준비를 해야 합니다. C의 협조 운동(미소)에서는 테니스공(2개)과 이쑤시개(100개) 또는 면봉(100개), 종이접기용 종이(1회 1장)를 사용합니다. A의 '바디 이미지 향상'과 B의 '협조 운동(조대)'에서는 인지 기능 트레이닝 학회에서 규정한 '인지 기능 트레이닝 봉'을 이용합니다.

인지 기능 트레이닝 봉은 [그림 5-2]처럼 직접 만들어주면 됩니다. 준비물은 [그림 5-3]처럼 준비합니다. 그리고 10장의 신문지를 겹쳐 둥글게 말아 테이프로 3곳을 붙이면 완성됩니다. 아주 간단하므로 아이와 함께 만들어보는 것도 좋습니다.

**준비물**

- 신문지
- 빨강, 노랑, 파랑색 테이프
  (컬러 박스 테이프)

① 겹친 신문지를 돌돌 만다.

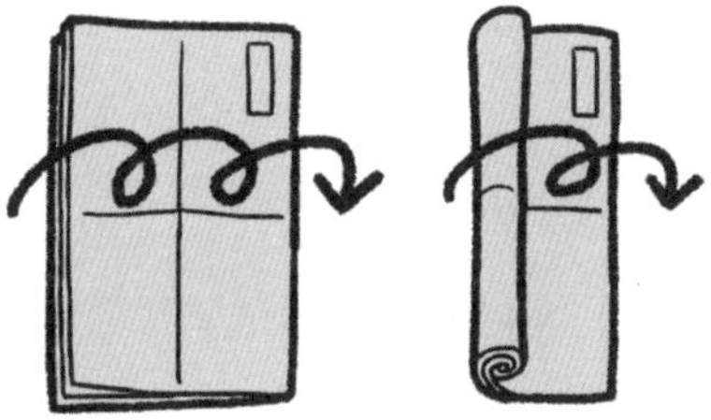

② 컬러 테이프로 고정시킨다.

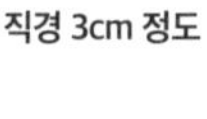


③ 한 사람당 2개(1인 2개)를 준비한다.

[그림 5-2] 인지 기능 트레이닝 봉 만드는 법

**준비물(봉 1개분)**

- 신문지(10장, 조간신문 약 1.5일분)
- 컬러 테이프(빨강·노랑·파랑 3색)

**만드는 법**

① 먼저 10장을 겹친 신문지를 직경 약 3cm 정도가 되도록 신문을 넘기는 부분부터 탄탄하게 감는다.

② 다 감으면 중앙을 노란색, 양끝은 빨간색과 파란색 컬러 테이프로 고정한다.

③ 인지 기능 트레이닝 봉은 1인당 2개를 준비한다. 봉의 길이는 아이의 신체 크기에 맞춰 조절한다.

신체 능력 향상 트레이닝

## 바디 이미지 향상 ①
# 봉 돌리기

### 목적

인지 기능 트레이닝 봉(앞쪽의 작성법 참조)을 사용하여 자신의 바디 이미지를 향상시키자.

### 진행 방법

❶ 한손으로 인지 기능 트레이닝 봉의 끝을 잡고 정면을 향해 봉을 보지 말고 봉이 몸에 닿지 않도록 ①머리 위, ②허리 뒤와 등 뒤, ③다리 사이를 돌려가며 반대 손으로 받는다.

❷ 마지막에는 ④양손으로 봉 끝을 잡고 가랑이 사이에 놓는다.

❸ 그대로 손을 떼지 말고 한 발씩 봉을 넘는다. 양발로 다 했으면 이번엔 반대로 한쪽 발씩 벗어난다.

### 포인트

봉 끝을 잡고 몸에 닿지 않도록 돌린다.

### 유의점

- 봉을 보지 않도록 하고, 또한 봉이 몸에 닿지 않도록 주의한다.
- 선 상태에서 다리 밑으로 빼돌리는 게 힘들면 무리하지 말고 의자에 앉아서 실시한다.

Training

# 봉 돌리기

1

오른손으로 봉 끝을 잡고 위를 보지 않고 왼손으로 받습니다. 손을 내리고 다시 오른손으로 받아 돌립니다. 이것을 반복합니다.

2

오른손으로 봉 끝을 잡고 허리 뒤로 돌린 후 왼손으로 받습니다. 받은 후에는 몸 앞으로 통과시켜 오른손으로 받습니다. 등 뒤로도 해보세요. 반대 방향으로도 돌려보세요.

3

한쪽 손으로 봉의 끝을 잡고 앞쪽 손으로 가랑이 사이를 통과시킵니다. 그리고 뒷쪽에서 손으로 받아 다리 바깥쪽으로 돌려 다시 앞으로 가져옵니다. 8자처럼 돌려보세요.

4

봉의 양끝을 양손으로 잡고, 손을 놓지 말고 한 발씩 봉 위를 넘어보세요. 양쪽 발 모두 넘었으면 이번엔 몸 뒤쪽으로 간 봉을 한 발씩 넘어 반대 방향으로 빠져나와보세요.

## 바디 이미지 향상 ②
# 봉 넘기기

**목적**

아이 2명이 함께 봉을 사용하여 상대방 움직임도 예상하면서 바디 이미지를 향상시킵니다.

**진행 방법**

두 아이가 봉 1개 분량만큼 떨어져 등을 맞대고 서서 서로 오른손에 인지 기능 트레이닝 봉끝을 잡고 양손을 들어 상대방의 왼손에 건넨다. 이때 시선은 위를 보지 말고 똑바로 앞을 향해야 한다. 머리 위로 하는 것을 끝내면 허리 옆쪽에서도 똑같이 해본다. 각각 5회 이상 실시한 후에는 반대 방향으로 건넨다. 봉은 가능한 한 천천히 넘겨준다.

**포인트**

봉을 넘겨주는 아이가 준비되었다면 받는 사람에게 "자!"라고 말을 건네면 받기 쉽다. 참가자는 서로 떨어져서 등을 맞대고 선다.

**유의점**

- 상대방의 손 위치를 이미지로 그리는 것이 중요하다. 잘되지 않으면 실제로 보고 얼마나 위치가 어긋나 있는지 확인한 뒤 반복한다.
- 봉을 움직여 상대방의 손을 찾으면 이미지 연습이 되지 않으므로 한번 위치를 잡은 봉은 가능한 움직이지 않는 게 좋다.

Training

# 봉 넘기기

1

등을 맞대고 서서 둘 다 오른손에 봉을 들고 양손을 듭니다.

2

두 사람은 봉이 어디에 있는지 상상하면서 왼손으로 상대의 봉을 찾아 잡습니다. 위를 봐서는 안 됩니다.

3

잡은 후에는 오른손으로 바꾸어 잡고 다시 1부터 반복합니다. 5회 정도 할 수 있으면 반대 방향(왼손에 봉을 들고 위로 올리기)으로도 시험해보세요.

4

머리 위로 하는 것을 성공했다면 허리 옆으로도 똑같이 전달해보세요.

신체 능력 향상 트레이닝

바디 이미지 향상 ③

# 한 발로 서기

**목적**

지시대로 움직임으로써 균형 감각을 익히자.

**진행 방법**

팔을 내린 상태에서 한 발로 선다. 안정되면 휘청거리지 말고 팔을 다양한 위치에서 움직여준다. 다시 발을 바꾸어 눈을 감고 같은 동작을 반복한다. 지속 시간은 전부 5초를 목표로 한다.

**포인트**

발을 움직이지 않도록 주의한다. 눈을 뜨고 있을 때 부모도 아이와 마주 보고 서서 같은 동작을 해주면 알기 쉬워진다. 눈을 뜬 상태에서도 한 발로 설 수 없는 경우에는 먼저 한 발로 설 수 있도록 하자.

**유의점**

- 여러 가지 동작을 취하기 전에 눈을 뜨고 한 발로 서기와 눈을 감고 한 발로 서기가 가능한지 확인한다.
- 눈을 뜨고 있어도 5초 이상 한 발로 비틀거리지 않고 서 있기 힘들다면, 눈을 감고 한 발로 서는 것은 하지 않아도 된다.
- 눈을 뜬 상태인데 한 발로 서서 휘청거릴 때는, 눈을 뜬 상태에서 양발로 섰을 때 휘청거림이 없는지 확인하는 게 좋다.

Training

# 한 발로 서기

1 

일단 한쪽 발로만 서 있게 합니다.

2 

이게 안정이 되면 "왼손을 들어보세요."라고 지시를 내립니다.

3 

그다음에는 "오른손을 허리에 짚어보세요."라고 지시합니다.

4 

"오른손은 수평으로 뻗고 왼손은 머리 위로 올리세요."라고 지시합니다. 이 동작들을 간단히 해내면 그다음은 눈을 감고 해보라고 지시합니다.

신체 능력 향상 트레이닝

협조 운동(조대) ①

# 봉 회전

**목적**

봉을 이용한 운동을 통해 순발력과 전신 협조 운동의 능력을 키우자.

**진행 방법**

선 채로 한손으로 인지 기능 트레이닝 봉 끝을 잡고 왼쪽 그림과 같이 ❶세로 반회전, ❷세로 역반회전, ❸가로 반회전과 가로 역반회전, ❹세로 1회전 등을 한 후 봉을 잡는다.

**포인트**

- 봉을 잡는 위치나 받는 위치는 색으로 지정하면 알기 쉽다.
- 세로 회전은 손목을 위로 비트는 이미지를 그리면서 움직이면 원활하다.
- 처음에는 역회전하기 어려워한다. 이런 때에는 어른이 봉을 잡고 슬로 모션으로 봉의 움직임을 보여준다. 가로 역회전의 1회전에서는 손목의 움직임만으로는 봉이 회전하기 어려우므로 팔을 위로 치켜 들듯 던지면 좋다.

**유의점**

- 발이 움직여 몸 전체가 흔들리지 않도록 주의한다.
- 반회전, 1회전을 알기 어려워하면 색상을 지정해둔다(예를 들면 빨간색 부분으로 던져서 파란색 부분으로 받는다 : 반회전, 빨간색 부분으로 던져서 빨간색 부분으로 받는다 : 1회전). 봉이 너무 길면 봉을 좀 더 짧게 줄여도 된다.

Training

# 봉 회전

1 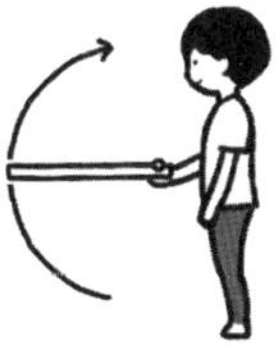

그림과 같이 오른손으로 봉을 아래쪽에서부터 끝부분을 잡고 앞으로 반 바퀴 회전해, 봉의 반대편 끝을 잡습니다. 떨어뜨리지 않도록 주의하면서 연속 10회를 반복해보세요.

2 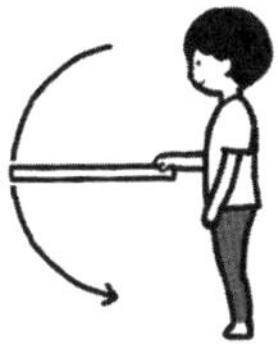

봉을 위쪽에서부터 끝부분을 잡고 역으로 반회전해 똑같이 봉의 반대쪽 끝을 잡습니다. 오른손으로 성공하면 왼손으로도 해보세요.

3 

그림과 같이 오른손으로 봉을 위쪽에서부터 끝을 잡고, 바깥쪽으로 반회전(본인이 볼 때 시계 방향)시켜 봉 반대쪽을 잡습니다. 연속으로 10회 성공하면 역반회전(반시계 방향)시키거나 반대 손(왼손)으로도 똑같이 돌려보세요.

4 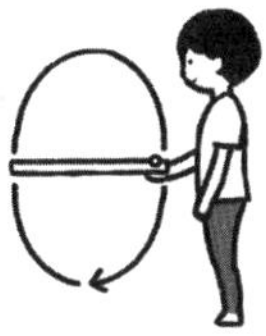

위 1번은 반회전시키는 것이지만 이것이 익숙해지면 1회전도 도전해보세요.

신체 능력 향상 트레이닝

## 협조 운동(조대) ②
# 봉 캐치

### 목적

인지 기능 트레이닝 봉을 사용해 순발력과 전신 협조 운동 능력을 키우자.

### 진행 방법

❶ 두 명이 마주 보고 서로 봉의 한가운데(노란색 부분) 부분을 오른손으로 세로로 잡는다.

❷ 봉을 동시에 상대방의 왼손으로 던져 서로 잡는다.

❸ 봉을 캐치하면 오른손으로 바꿔 들고 재차 반복한다.

❹ 봉 1개로 하는 것이 가능해지면 다음에는 봉 2개로 하는 것도 도전해본다.

❺ 떨어뜨리지 않도록 주의하면서 10회 반복한다.

❻ 이것이 익숙해지면 역방향으로도 도전해본다.

### 포인트

던지는 쪽에 주의를 기울이느냐 받는 쪽에 주의를 기울이느냐에 따라 어려움의 정도가 달라지므로 몇 번 연습해본다.

### 유의점

- 서로 구호를 정해 해보면 쉽게 타이밍을 맞출 수 있다.
- 봉을 세로 방향으로 똑바로 하게 하는 것이 중요하다. 던질 때 봉이 가로로 기울어져 있으면 봉끼리 부딪쳐 잘되지 않을 수 있다.

Training

# 봉 캐치

**1**

오른손으로 인지 기능 트레이닝 봉의 노란색 부분을 잡고 마주 선 상태에서 상대방의 왼손 쪽으로 던집니다.

**2**

왼손으로 받는 즉시 오른손으로 바꿔 들고 상대방의 왼손 쪽으로 던집니다. 떨어뜨리지 않도록 주의하면서 10회 반복합니다.

**3**

그다음으로 양손으로 봉을 1개씩 잡습니다. 오른손에 들고 있는 봉을 상대방의 왼손 쪽으로 던지면 왼손에 들고 있는 봉을 바로 오른손으로 옮겨 들고, 날아오는 봉을 왼손으로 잡습니다.

**4**

봉을 떨어뜨리지 않도록 주의하면서 총 10회 반복합니다. 가능하면 반대 방향(왼손으로 던지기)으로도 해보세요.

협조 운동(미소) ①

# 테니스공 쌓기

## 목적

손끝을 이용하여 세세한 작업에 능숙하도록 만든다. 목표를 달성하는 사고방식을 키운다.

## 진행 방법

❶ 1인당 2개의 테니스공을 준비하여 공이 떨어지지 않도록 주의하면서 2단으로 쌓아 올린다.

❷ 10초 동안 떨어지지 않으면 성공이다.

❸ 여러 명이 함께해 누가 가장 빨리 쌓아 올릴 수 있는지 경쟁을 시켜도 좋다.

## 포인트

- 아래쪽의 공이 제대로 안정되게 할 것, 위의 공을 올리는 데 있어 안정된 곳을 찾아 그것이 바로 위쪽에 오도록 조정한다.
- 숨을 멈춰가며 양손가락을 조금씩 움직여 위의 공이 굴러가지 않는 포인트를 찾는다.

## 유의점

옆쪽에서 보면서 한손으로 쌓으려고 하는 아이도 있다. 한손이나 양손 어느 쪽이 쌓기 쉬운지, 또 옆과 위 중 어느 쪽에서 보고 하면 잘되는지를 알 수 있도록 유도하자.

Training

# 테니스공 쌓기

1 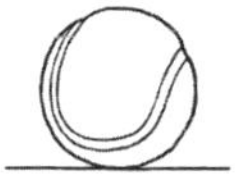

튼튼한 받침대 위에 테니스공을 1개 올려놓습니다.

2 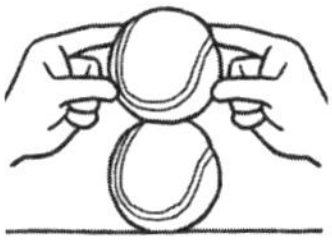

그 위에 또 1개의 테니스공을 떨어지지 않도록 쌓습니다. 제한 시간은 없습니다.

3 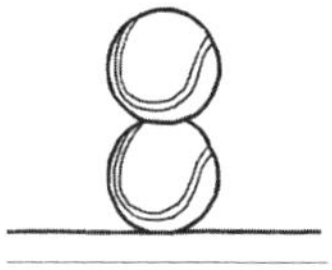

2단을 쌓았으면 손을 살짝 떼어보세요. 10초 동안 무너지지 않으면 성공입니다.

4 

여러 명이 같이하며 누가 제일 빨리 쌓을 수 있는지 경쟁해도 좋습니다.

신체 능력 향상 트레이닝

협조 운동(미소) ②

# 이쑤시개 쌓기

## 목적

손끝을 이용해 세세한 작업을 능숙해지도록 한다. 목표를 달성하는 사고방식을 키우자.

## 진행 방법

❶ 이쑤시개를 한자의 '정(井)'자 형태가 되도록 가능하면 높이 쌓는다.

❷ 제한 시간 90초이다.

❸ 너무 많이 쌓으면 무너지므로 어느 정도 쌓았으면 중간에 그만두도록 한다.

❹ 누가 높이 쌓을 수 있는지 경쟁도 가능하다. 4명 이상이면 2명씩 팀을 이뤄 1개씩 번갈아가며 하는 팀 대항전으로 해도 좋다.

## 포인트

- 처음에 연습하고 몇 단 정도 쌓을 수 있는지 시험해본다.
- 자신이 쌓을 수 있는 한계를 파악하고 있으면 무너지기 직전에 그만둘 수 있다.
- 팀 대결에서는 다른 팀이 쌓아 올린 모습을 관찰해가면서 자신들의 작전도 수정해 갈 수 있어 더욱 즐겁게 할 수 있다.

## 유의점

- 테니스공 쌓기와 비슷하지만 보다 섬세한손가락의 움직임이 필요하다.
- 이쑤시개가 위험하면 면봉으로 해도 좋다.

Training

# 이쑤시개 쌓기

1

일단 연습입니다. 1개씩 쌓아갈 거예요. 몇 단 정도 쌓을 수 있는지 시험해보세요.

2

시간을 재겠습니다. 제한 시간은 90초입니다.

3

시작한 후에는 90초 만에 최대한 높게 쌓아보세요. 부모와 자녀간에 누가 더 높게 쌓을 수 있는지 경쟁해보세요. 그러나 무너지면 처음부터 다시 쌓아야 하니 신중하게 쌓아 나가도록 주의하세요.

4

4명 이상이면 팀 대항전으로 해도 좋습니다. 서로 다른 팀이 얼마나 쌓았는지 보면서 경쟁해보세요.

신체 능력 향상 트레이닝

## 협조 운동(미소) ③
# 종이접기용 종이 찢기

### 목적

손끝을 이용하여 세세한 작업을 능숙하게 하도록 이끈다. 목표를 달성하는 사고방식을 키운다.

### 진행 방법

❶ 종이접기용 종이를 도중에 끊어지지 않도록 가능한 한 길게 찢는다.

❷ 제한 시간 90초이다.

❸ 부모와 자녀 간에 경쟁해보세요.

❹ 더 길게 찢은 쪽이 승리한다.

### 포인트

당황하면 도중에 끊어지므로 침착하고 신중하게 찢어 나간다. 찢는 방법은 자유이다. 상대방의 진행 상황을 관찰한다.

### 유의점

- 시간이 정해져 있으므로 서두를 필요가 있지만, 너무 서두르면 자칫 도중에 끊어질 가능성이 크다.
- 다른 사람을 이기기 위한 시간 관리나 억제, 속도가 필요하다.
- 손가락으로 찢는 것 외에도 아이의 발달 상태를 고려하여 가위로 시험해봐도 좋다. 종이접기용 종이 대신에 신문지를 사용해도 좋다.

Training

# 종이접기용 종이 찢기

1 

종이접기용 종이를 1인 1매 준비합니다.

2 

90초 동안 최대한 길게 찢어보세요. 도중에 끊어지지 않도록 주의하세요.

3 

90초가 지나면 길이를 비교해 긴 쪽이 승리합니다.

4 

여럿이 시간을 재어 경쟁해봐도 좋습니다.

신체 능력 향상 트레이닝

## 신체 모방 ①
# 정지 모방

### 목적

상대방의 신체 움직임을 흉내내며 관찰력과 신체 사용법을 배운다. 신체를 이용한 작업이나 일의 내용을 익히는 데도 도움이 된다.

### 진행 방법

아이와 마주 보며 어른이 하는 포즈를 모방하게 한다.

### 포인트

- 제시하는 동작은 손이나 팔의 경우, 한손, 양손(몸의 정중앙선을 넘지 않음), 양손(한손만 정중앙선을 넘음), 양손(양손 모두 정중앙선을 넘음)을 사용하는 순으로 점점 더 어려워진다. 처음에는 한손으로만 해도 된다.
- 손이나 팔 이외에도 다리나 머리의 방향, 손가락 모양, 팔다리·머리·손가락을 조합한 동작을 추가하면 난이도가 달라진다.

·난이도는 아이의 발달 상태에 맞춰 조정한다.

### 유의점

흉내 내는 동작은 거울 앞에 섰을 때의 모방(좌우 반전된 거울상 모방)이 아니라 상대방의 입장에서 흉내 내는 것이다. 마주한 상대방의 좌우를 알 수 있는지 확인한다. 동작은 데생 인형이나 그림으로 제시해도 좋다.·종이접기용 종이 대신에 신문지를 사용해도 좋다.

# 정지 모방

1 

어른이 하는 동작 보면서 따라 하게 합니다. 처음에는 간단한 동작부터 시작해보세요.

2 

다음으로 어른이 먼저 동작을 취하고 아이에게 외우게 한 후 동작을 풉니다.

3 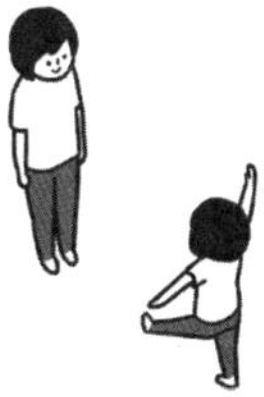

아이에게도 외운 동작을 똑같이 취해보게 합니다. 거울상 모방(좌우 반전)의 포즈가 아닙니다.

4 

마지막으로 어떤 사물과의 관계성도 기억하여 따라하게 합니다. 예를 들어 의자의 오른쪽에 서서 자세를 흉내 내는 등을 말합니다.

신체 모방 ②

# 시간차 모방

## 목적

상대방의 자세를 기억하고 따라하며 기억력과 관찰력을 높인다.

## 진행 방법

❶ 아이와 마주 보며 자신의 동작을 모방하게 한다.

❷ 5~10개의 동작을 반복하게 한다.

❸ 그것이 끝나면 역할을 바꿔서 해본다.

❹ 각 포즈의 제시 시간은 1초 정도로 한다.

## 포인트

- 처음에는 좌우 대칭이 되는 동작부터 시작한다.
- 익숙해지면 좌우 비대칭이 되는 동작에도 도전해본다.
- 한 번에 시행하는 동작은 10개 정도가 적당하다.

## 유의점

처음에는 간격을 길게 잡아 확실하게 정답을 맞힐 수 있도록 훈련한다. 틀리면 다시 이전의 동작으로 돌아가 바른 자세를 취하도록 한다.

Training

# 시간차 모방

1

하나 앞의 동작을 따라 하도록 아이에게 지시한다. 아이들은 처음에는 어려워하니 간단한 좌우 대칭 동작부터 시작하는 게 좋다.

2

어른이 다음 동작을 취하면 아이는 이전에 어른이 했던 동작을 하도록 한다.

3

순서대로 동작을 취해간다. 5~10개의 동작이 끝나면 일단 휴식을 취한다.

4

익숙해지면 좌우 비대칭 동작도 시험해본다. 각자의 역할도 바꿔보며(자녀에게 선행시켜) 해본다.

앞으로의 세계는 지식이 모든 생산 수단을 지배하게 되며,
이에 대비한 후세 교육 없이는 어느 나라든 생존하기 어렵다.

앨빈 토플러

교육의 참된 목적은 사람들에게 선한 일을 하도록 간청할 뿐만 아니라
사람들이 선한 일을 하는 그 자체에서 기쁨을 발견하도록 하는 데 있다.

러스킨